AF357678

Oratorij Parisiensis Catalogo Inscriptus

LES
ESSAYS
POLITIQVES
ET MORAVX

DE MESSIRE
FRANÇOIS BACON
GRAND CHANCELLIER
d'Angleterre.

Mis en nostre langue par I. BAVDOIN

A PARIS,

Chez FRANÇOIS IVLLIOT, au pied
des grands degrez du Palais,
au Soleil d'or.

M. DC. XIX.
Auec priuilege du Roy.

A TRES-HAVT ET
PVISSANT SEIGNEVR,
Meſſire LOVYS DE LA
CHATRE, Mareſchal
de France, &c.

MONSEIGNEVR,

S'il eſt vray qu'vne belle fleur eſt tout l'honneur d'vn parterre, & qu'vn riche diamant ſemé dans vne enſeigne de pierreries, en redouble la grace & l'eſclat; i'ay quelque ſujet de me promettre que vous aurez cet ouurage pour agreable. Comme le merite de son Autheur le rend recommandable en sa langue, la gloire de voſtre Nom le rehauſſe tellement en la noſtre, qu'il eſt tout l'or & l'azur de son frontiſpice. Pardonnez moy donc (MONSEIGNEVR) ſi pour le mettre en quelque credit parmy les François, i'ay recours à vous, qui eſtes vn des ornemens de la France. Le rang que vous y tenez, & les belles qualitez de voſtre eſprit porté naturellement à la lecture des bons Liures, vous feront aymer ceſtuy-cy d'autant plus

qu'il traicte de matieres Morales & Politiques. Les diuer-
sitez qui s'y voyent enrichies
de conceptions qui vont par def-
sus le commun, ont faict naistre
en moy l'enuie de le traduire,
& l'asseurãce de vous e offrir
la version. Si elle paro st fo ble
en quelque partie, elle ne peut
trouuer vn meilleur appuy que
le vostre, ny moy che cher vne
plus chere faueu ,que l'o cafion
de vous tesmoigner que ie suis,

MONSEIGNEVR,

Vostre tres-humble &
tres-obeyssant seruiteur,
BAVDOIN.

ã iij

AV LECTEVR.

CE petit ouurage (Le-
cteur) eſt diuiſé par l'Autheur en trẽte huict Diſcours,
qu'il appelle *Eſſays*, ou Medi-
tations Morales & Politiques,
propres à former vn Eſprit
dans le monde, & le façonner
aux maximes qu'il faut ſuiure
à la Cour des Grands. Bien
que les ſubjets qu'il y traicte
ſoient aſſez familiers à ceux
qui font profeſſion d'eſcrire,
neantmoins il les applique ſi
à propos, qu'on n'y remarque
aucunement les ennuyeuſes
redittes, ny les ridicules Chi-
meres, dont pluſieurs ſement
leurs eſcrits pour ſe mettre en
eſtime.

Auſſi l'on peut bien dire de

luy , que la viuacité de son bel
esprit , la force de sa memoire , la grandeur de son iugement , & la facilité de son Discours le rendent vniuersel en
tout ce que les hommes peuuent sçauoir. Il en donne d'assez belles preuues en vn liure
*Du Progrez, ou de l'aduancement
des Sciences* , qu'il a composé
n'agueres,& qui paroistra bien
tost en diuerses langues.

Cependant il vous sera facile, Lecteur, de iuger de ses autres œuures par cet eschantil-
lon que i'ay traduit pour vostre contentement. Si ie voy
que vous l'ayez agreable,vous
m'obligerez à vous donner en
peu de temps vn Traicté, *De la
Sagesse Mysterieuse des Anciens*,
que luy-mesme a faict en suite
de cestuy-cy.   Adieu.

SOMMAIRE DES
Essays Politiques &
Moraux.

Extraict du Priuilege du Roy.

PAr grace & priuilege du Roy il est
permis à François Iulliot Imprimeur
& Libraire en l'Vniuersité de Paris, d'imprimer ou faire imprimer, vendre & distribuer vn Liure intitulé, *Les Essays Poli-*
tiques & Moraux de Messire François Bacon
grand Chancelier d'Angleterre, mis en nostre
langue par I. Baudoin. Faisant tres-expres-
ses inhibitions & defenses à tous Impri-
meurs, Libraires, & autres de quelque
estat & condition qu'ils soient, d'imprimer ou faire imprimer ledit Liure, le vendre & distribuer, contrefaire ny alterer,
sans le consentement dudit Iulliot, durant le temps de six ans, sur peine aux có-
treuenans de cinq cens liures d'amende,
applicable moitié aux pauures enfermez,
& l'autre audit Suppliant, confiscation
des exemplaires, despens, dommages &
interests, comme il est contenu és lettres
donnees à Paris le 9. iour d'Auril 1619.

Par le Roy en son Conseil,

Signé   PERREAV.

ESSAYS
POLITIQVES
ET MORAVX.

De la Bonté consideree
en deux façons.

I.

E prends icy la
Bonté pour vn de-
sir inuiolable qui
porte l'esprit au bien de
tous les hommes en gene-

ral. Les Grecs la nomment *Philantropie*, parce que le mot de *Courtoisie*, comme nous en vsons d'ordinaire, a trop peu de force pour l'exprimer.

l'appelle Bonté l'habitude; & Bonté naturelle l'inclination. Ceste vertu surpasse toutes les autres en preéminence, & semble estre vn caractere de la Diuinité, sans lequel l'homme est vn vray object de mal-heur, de misere, & d'inquietude, plus raualé que s'il estoit vn ver de terre, ou quelque insecte nuisible.

Or ceste mesme Bonté a
de la correspondance auec
la Charité, vertu Theolo-
gique, susceptible d'er-
reur, & non pas d'excés.
Les Italiens ont vn pro-
uerbe peu loüable; *Il est si*
bon, disent-ils, *qu'il ne vaut*
du tout rien. Suiuant lequel
l'impie Machiauel s'est ad-
uancé iusques là, de soustenir par escrit & ouuerte-
mét, que la Foy Chrestien-
ne donnoit en proye les
gens de bien à la passion
des Tyrans & des meschás
hommes : ce qu'il a dict,
parce qu'il n'est point de

loy , point de secte , ny point d'opinion , qui esleue la Bonté si dignement & si haut , que fait la Religion des Chrestiens. C'est pourquoy pour fuir ensemble le scãdale & le danger qui s'en peut ensuiure, il est bon de prendre cognoissance des fautes d'vne si excellente habitude.

Sçachez donc qu'il vous est permis de rechercher le bien de vostre prochain; mais non pas de vous rendre esclaue de l'humeur ou du caprice d'autruy : Ceste

complaisance n'est bonne
qu'à reduire vne belle ame
aux liens de la captiuité.
Ne donnez point les pier-
reries au coq d'Esope,
lequel aime beaucoup
mieux vn grain d'orge
qu'vne belle perle. L'exemple de Dieu nous enseigne
ceste leçon : Il arrouse la
terre de pluye, & fait luire
son Soleil sur les gens de
bien & sur les meschans:
mais il ne s'ensuit pas pour
cela que les richesses, les
hóneurs, & les vertus pleu-
uent & rayonnent esgale-
ment sur les hommes. Il

faut communiquer à tous les bien-faicts communs, & distribuer auec election les dós signalez; autremét il est à craindre que pour faire le portraict vous ne gastiez l'original.

Car vous deuez sçauoir que la Theologie faict que l'amour de nous-mesme est l'original, & l'amour du prochain le portraict dont i'entéds parler. *Vends tout ce que tu possedes:donne-le aux pauures,& suy moy:* Mais ie ne te sçauray nul gré de l'auoir vendu, si ce n'est auec intention de me sui-

ture, c'eſt à dire, ſi ta voca-
tion n'eſt là reduite, qu'en
icelle tu puiſſes faire autant de bien auec peu de
moyens, que ſi tu en poſ-
ſedois beaucoup. S'il t'aduient d'y proceder autre-
ment, prends garde que
pour entretenir les ruiſ-
ſeaux, tu ne rendes aride
la ſource.

Or côme il eſt des hom-
mes en qui ſe retreuue vne
certaine habitude de Bon-
té gouuernee par la raiſon,
il y en a d'autres auſſi qui
tiennent de la nature vne
diſpoſition à ceſte Bonté:

& plusieurs pareillement
qui sont nez auec vn naturel enclin au mal. D'où
vient que nous voyons
beaucoup de personnes
dót l'inclination ne se laif-
se aller aucunement à de-
sirer le bié d'autruy. Quoy
qu'il en soit, comme la
moindre malignité ne téd
qu'à paroistre reuesche &
difficile, quand il est question de traicter d'vne affaire, ou d'en tomber d'accord auec quelqu'vn: ainsi
la plus grande malice est
celle qui fait trophee d'enuier le bien du prochain,

ou de luy pourchaſſer du
mal. Le monde ne man-
que point de *Miſantropes*
qui font meſtier de con-
duire les hómes au gibet,
& toutesfois il ne s'enſuit
pas qu'ils ayent tous dans
leur iardin l'arbre de Ti-
mon, pour les y pendre pu-
bliquement. Telles diſpo-
ſitions ſemblent eſtre autant d'erreurs de la nature:
Ce qui n'empeſche point
que de ces materiaux ne ſe
forment les grands Politiques, tout ainſi que les
vaiſſeaux expoſez aux ſe-
couſſes des vents & des va-

gues se font d'ordinaire
d'vn bois tortu, duquel on
n'vse iamais aux baftimens
des maisons, qui doiuent
eftre folides & fermes.

De la Rufe, ou de l'Artifice.

II.

I'ENTENDS par l'Arti-
fice vne prudence qui
femble eftre gauche &
tortuë. Car, pour en parler
franchement, entre l'Artificieux & le Sage il y a bien
de la difference, tant en

matiere de prix que d'hon-
nesteté. Et comme les plus
gráds pipeurs ne font pas
les meilleurs ioüeurs; ainſi
tel eſt habile au faiĉt des
remuëmés & des factions,
qui ſe trouue apprentif &
nouueau ſi on le tire hors
de là. D'ailleurs ſe cognoiſtre en gens & en affaires
font deux choſes fort differentes. Vous en verrez
qui excellent à iuger de
l'humeur des hommes, &
qui n'entédent rien à ſon-
der le fonds principal d'v-
ne affaire : Auſſi deuons-
nous croire que ceſte ſcié-

ce s'apprend pluftoft dans les hóneftes compagnies, que par la lecture des liures. Il y en a d'autres plus propres à l'executió qu'au confeil, & qui ne fçauent ioüer que fur leur propre damier. Que s'il vous aduient de les mettre en conference auec des hommes qu'ils n'ayent iamais veus, alors ils fe recognoiffent trop courts d'vn poinct, & quittent le ieu : De maniere que l'ancien prouerbe fait à peine pour eux, qui dict, *Que pour difcerner l'homme fage d'auec le fol, il les faut*

*enuoyer tout nuds en vn pays
eſtranger.*Il s'en trouue auſſi quelques-vns, qui pour
cognoiſtre l'iſſuë ou la decadence d'vne affaire, ne
ſont nullement plus habi-
les à ſouſtenir le faix de
leur charge : pareils à certaines maiſons dont les
portes & les degrez ont ie
ne ſçay quoy de commo-
de & de beau, mais les
chambres n'envalent rien.
C'eſt pourquoy l'ordinai-
re de tels eſprits eſt de courir à la cócluſion d'vn faiƈt
par la voye des ſubtilitez,
cóme inhabiles qu'ils ſont

de l'examiner plus auant:
Et neátmoins ils font couftume de tourner à leur aduantage leur propre igno-
rance, & veulent en outre
qu'on les tienne pour des
hommes grandement ex-
perimentez aux affaires.
I'obmets l'effronterie de
ceux dont la rufe fe fonde
pluftoft fur les tromperies,
ou, comme l'on dict, à
prédre les autres pour dup-
pes, que fur la folidité de
leurs propres actions. En
quoy ils contrarient entierement à ce precepte de Salomon, *Que l'homme pru-*

dent va le grand chemin , où
l'artificieux tourne ses pas à la
tromperie. Il est donc vray
qu'entre la Prudence & la
Ruse il y a plusieurs diffe-
réces qu'il seroit bon d'ob-
seruer : Car la chose du
monde qui endommage
le plus vn Estat, est quand
les hommes Artificieux y
passent pour Sages.

Du Mariage, & du Celibat.

III.

DEPVIS que l'homme a pris vne femme, & qu'il en a des enfans, il peut dire auec verité qu'il a donné des ostages à la Fortune. Ces rejettons de mariage luy sont autát d'obstacles aux grádes entreprises ou de vice ou de vertu. Il est hors de doute que les actions plus signalees & plus vtiles à

tous

tous ont esté faictes par
des hommes non mariez,
qui ont mis le vray poinct
d'honneur en l'immortel-
le memoire de leurs beaux
faicts, pluftoft qu'en vne
longue fuitte d'enfans : &
lefquels tant en matiere
d'affection que de biens
ont efpoufé volontaire-
ment & adopté le Public.

Or comme il eft des
hommes qui pour n'auoir
foing que d'eux-mefmes,
veulét viure toufiours gar-
çons, & qui appellent fot-
tife de confiderer l'aduenir : il s'en trouue d'autres

aussi qui ne tiennent vne
femme & des enfans que
pour des roolles de leur
despense. Mais l'ordinai-
re cause pour laquelle on
ne se marie point est la liberté : cela se remarque assez en certains hommes a-
moureux d'eux-mesmes, &
bizarres; ausquels la moindre contrainte est si sensi-
ble, qu'il s'en faut bien peu
que leur ceinture & leurs
aiguillettes ne leur sem-
blent estre autant de fers
& de chaisnes.

Les hommes à marier
sõt ordinairemét les meil-

leurs amis , les meilleurs maiſtres , & les meilleurs ſeruiteurs ; mais non pas touſiours les meilleurs ſubiets, parce qu'ils ont les pieds poudreux: eſtant veritable qu'entre cent fuitifs à peine en trouuera-on vn ſeul de marié.

Le Celibat eſt grandement propre aux gens d'Egliſe, à cauſe qu'il eſt fort difficile que la Charité arrouſe toute la terre, s'il luy faut auparauant remplir vn lac aride & particulier. Il eſt indifferent aux Iuges & aux autres Magiſtrats,

parce que s'ils ont la moindre inclination à se laisser
corrompre, vn de leurs va-
lets sera beaucoup pire
que s'ils auoient vne femme. Quant aux hommes
de guerre, ie trouue que
les Generaux d'armee vou-
lans animer leurs soldats
au combat, ont accoustu-
mé de leur remettre deuát
les yeux leurs femmes &
leurs enfans: Ce qui m'incite à croire que le mespris
que les Turcs font du ma-
riage rend la milice plus
raualee. Quoy qu'il en
soit, vne femme & des en-

fans me femblent auoir
quelque efpece de difcipli-
ne que la douceur naturelle accompagne : Comme
au contraire ceux qui ab-
horrent le mariage ont des
courages plus endurcis, &
font fort propres à prefi-
der aux matieres criminelles, pour y prononcer des
arrefts de mort & de fang.
Or les hommes d'vn natu-
rel graue, & par confequét
accouftumez à fouffrir, sót
d'ordinaire bons à leurs
femmes : C'eft pourquoy
l'on fouloit dire d'Vliffe,
Qu'il auoit faict plus d'eftat

d'vne vieille que de l'immorta-
lité. Les honneſtes femmes
ſont la plus-part du temps
altieres & obſtinees, pour
la bonne opinion qu'elles
ont du merite de leur cha-
ſteté. Le meilleur lien de
l'obeyſſance & de la pudi-
cité d'vne femme conſiſte
à tenir vn mary pour ſage:
ce qu'elle ne fera iamais ſi
elle y remarque vn excés
de ialouſie. Les femmes
ſont les maiſtreſſes des ieunes gens, les compagnes
des hommes, & les nourri-
ces des vieillards : Ainſi en
quelque aage que l'hom-

me se vueille marier, il ne
manque iamais d'excuse
valable. Ce nonobstant
celuy-là fut à bon droict
estimé sage, lequel inter-
rogé en quel temps l'hóme
se deuoit marier : S'il est
ieune, respondit-il, ie luy
cóseille d'attendre ; si vieil,
de ne s'y engager iamais.

Des Peres, & des Enfans.

IV.

COMME les conten-
temés des Peres font
fecrets & fubtils, leurs def-
plaifirs & leurs inquietu-
des le font auffi. Les vns ne
les peuuent expliquer, &
les autres ne le veulent pas.
Si les Enfans temperent
l'aigreur des fatigues, ils
font plus ameres les infor-
tunes : & fi le foing qu'on
a d'eux accroift les trauaux

de

de la vie, l'on ne peut nier
qu'ils n'adouciſſent le ſou-
uenir de la mort. La ge-
neration qui ſe prouigne
de race en race eſt commune aux beſtes: mais la memoire, le merite, & les
actions heroïques ſont des
qualitez qui n'appartien-
nent qu'aux hómes. Ceux
qui les premiers de tous
ont mis en honneur leur
Maiſon, ne ſontiamais ru-
des à leurs enfans ; parce
que voyans en eux la con-
tinuation non ſeulement
de leur eſpece, ains encore
de leur vertu, ils les conſi-

derent enfemble comme leurs enfans & leurs creatures. La difference des affections que les peres ont refpectiuemét enuers leurs enfans eft quelquefois iniufte & blafmable, principalement en la mere. *Le fage enfant*, dit Salomon, *confole fon pere, mais le fol eft la honte de fa mere.* Il aduient fouuent qu'en vne maifon pleine d'enfans les aifnez y font refpectez, les plus ieunes flattez, & ceux du milieu mis en oubly, qui neantmoins deuiennent quelquefois les plus

honneſtes de tous. Les peres ont tort de ne donner
à leurs enfans des appoin-
ctemens conuenables au
rang qu'ils tiennent : c'eſt
le vray moyen de les auilir
tout à faict, de leur rendre
familiere la tromperie, &
la conuerſation des hom-
mes de peu, & de les faire
deuenir plus grands deſ-
penſiers , quand ils ſont
maiſtres de leur bien. Tellement que le meilleur
pour eux ſeroit de conſeruer leur authorité enuers
leurs enfans, au lieu de leur
eſtre chiches de la bourſe.

Tous les hommes en ge-
neral, tant les Peres que
les Precepteurs, & les va-
lets mefme, ont cefte folle
couftume d'engendrer &
d'entretenir entre les fre-
res encore enfans, vne certaine emulation de coura-
ge ; qui le plus fouuent a-
boutit à difcorde en l'aage
viril, & met en defordre les
grandes familles. C'eft vne
chofe affez commune aux
Italiens de ne mettre prefque point de difference
entre les enfans, & les ne-
ueux, ou les proches pa-
rens d'vne maifon, & de fe

contenter pourueu qu'ils
en foient fortis. Auffi,
pour en dire le vray , c'eft
toufiours vn mefme fang:
D'où vient que nous
voyons par fois que le ne-
ueu reſſemble mieux à
l'oncle, ou à quelque au-
tre fien parent, qu'à ceux
qui l'ont mis au monde.

De la Noblesse.

V.

S'Il est vray que c'est vne chose agreable aux yeux de regarder auec admiration vn fort basti-ment que son antiquité rend venerable, & qui se conserue sans apparence de ruine; ou de voir vn bel arbre, qui malgré l'effort des ans ne laisse pas d'estre sain & entier : Auec com-bien plus de raison doit-on admirer vne ancienne

& noble famille, qui dans
la reuolution des chofes
du monde a fceu refifter
aux vagues, & à l'orage?

Car il faut remarquer icy
que la nouuelle Nobleffe
n'eft qu'vn pur effect de
puiffance,& l'ancienne vn
acte du Temps. Ceux qui
donnent naiffance à la fortune de leur maifon, font
d'ordinaire plus vertueux
que leurs Defcédans : mais
non pas fi gens de bien
qu'eux. Et de vray eftant
fort difficile de fe faire
grand, fans y apporter vn
meflange d'artifices, bons

& mauuais; la mesme rai-
son qui permet que leurs
vertus passent à la posteri-
té, veut que leurs defauts
meurent auec eux.

Parmy les Gentils-hom-
mes, ceux qui le sont d'ex-
traction dédaignét quel-
quesfois d'en faire les a-
ctions, ou bien les Braues
d'entr'eux sont enuiez des
moins valeureux.

D'ailleurs, comme les
Gráds de naissance & d'an-
cienneté ne peuuét attein-
dre gueres plus haut, ce-
pédant qu'ils se maintien-
nent en estat, & que les au-

tres font leur fortune, ils
ont bien de la peine à fuir
les atteintes des enuieux.
A quoy i'adiouſte, que les
Nobles qui tiennent leur
rang comme hereditaire
de leurs Anceſtres, attiſent
en autruy l'enuie, laquelle
a cela de propre auec les
rayons du Soleil, de bat-
tre les coſtaux pluſtoſt que
les plaines.

La grande Nobleſſe des
ſubiects donne de l'eſclat à
la Majeſté d'vn Monar-
que : mais elle en amoin-
drit la puiſſance. Elle meſme eſt comme l'eſprit & la

vie du peuple, qui neant-
moins la recognoiſt pour
vn obſtacle de ſa fortune.
Il eſt bon de n'eſleuer les
Nobles à vn trop haut de-
gre de Iuſtice & de ſouue-
raineté, & encore meilleur
de les maintenir en vn tel
eſtat, que l'inſolence des
ſubiets demeure abbatuë
ſoubs eux, auant que ſe
porter plus loing contre
la Majeſté du Prince.

Les Roys qui dans le
corps de leur Nobleſſe ont
des hommes aduiſez &
vaillans, ne peuuét mieux
faire que de les employer:

C'eſt le vray moyen de venir à bout de leurs plus ſerieuſes affaires ; parce que le peuple cede naturellement à la puiſſance des Grands, comme à des perſonnes qui ſemblent eſtre nées pour commander.

Des premieres Dignitez.

VI.

LEs hommes eſleuez aux plus hautes charges, ſont eſclaues de trois maiſtres ; de l'Eſtat, ou de

la Souueraineté ; de la Re-
putatió, & des Affaires publicques. Ce qui faict qu'il
ne leur reste point de liberté, ny en leur personne, ny
en leurs actiós, ny en leurs
heures particulieres.

C'est vne estrange paf-
sion de briguer vne char-
ge, & de se mettre à la chai-
ne : de chercher du com-
mandement sur autruy, &
de le perdre sur soy-mes-
me. Il y a tant de peine à
s'esleuer à vne charge ho-
norable, qu'on peut bien
dire qu'auec trauail l'on
paruient à vne plus grande

fatigue, & que la plus-part
du temps la baſſeſſe & le
demerite ſont les deux
guides qui conduiſent les
homes aux dignitez. Cer-
tes il n'eſt rié ſi difficile que
de ſe tenir ferme dans vn
chemin ſi gliſſant, ny rien
ſi faſcheux que de ſe laiſſer
cheoir, ou du moins de
faire vn eclypſe.

Mais ce que ie trouue de
pire aux charges public-
ques, eſt que les hommes
ne ſ'en peuuent retirer
quád ils le deſirét; & qu'ils
ne le veulent pas, quand la
raiſon le requiert. C'eſt

auec impatience qu’ils viuent en hommes priuez
dans les langueurs d’vn
aage debile, & si maladif,
qu’il ne demande que le
repos.

Nous voyons d’ordinai-
re que les grands hommes
en sont là reduits, de man-
dier l’opinion d’autruy
pour estre estimez heu-
reux. Aussi quelque iuge-
ment qu’ils puissent don-
ner de leur condition, elle
leur semble tousiours mi-
serable, iusqu’à ce que fai-
sans vne reflexion sur la
creance que les autres ont

d’eux, & qu’il n’eſt celuy
qui ne deſiraſt auec paſſió
d’eſtre mis en leur place,
c’eſt alors qu’ils vont pu-
bliant leur felicité par la
bouche d’autruy, bien que
poſſible en leur interieur
ils viuét les plus miſerables
du monde: Car ils ne man-
quét iamais d’eſtre les premiers à reſſentir leurs propres douleurs, & les der-
niers à deſcouurir leurs defauts.

De là vient que les plus
aduancez en fortune ne ſe
cognoiſſent point eux-
meſmes, & que les occupa-

tions leur defrobent le loi-
fir de penfer à la fanté du
corps & de l'ame , tant
qu'ils tiennent en main le
gouuernail des affaires.

La peine de l'homme eft extreme,
Lequel trop cogneu d'vn chacun
Meurt sãs fe cognoiftre foy-mefme,
Et fans eftre pleuré d'aucun.

Les hommes n'ont que
trop de moyens de bien
faire en l'adminiftration
de leurs charges. Il ne tient
qu'à eux encore qu'ils ne
facét beaucoup de maux;
ce qui eft vne efpece de
malediction. Car en ma-
tiere de mal, il n'eft rien
meilleur

meilleur que de n'auoir ny
la volonté , ny la puiſſance de le commettre: Tellement que la vraye & legi-
time fin d'aſpirer aux dignitez, ſe doit rapporter
au bien. Ainſi , quoy que
Dieu ne reiette iamais les
ſinceres intentions , il eſt
vray neantmoins que ſi
l'on ne les met en execu-
tion, il n'en faut non plus
tenir de compte que des
bons ſonges.

Les Grands ne rágeront
iamais le peuple au deuoir,
ſ'ils ne preſident eux-meſmes au ſiege d'honneur &

de dignité, d'où comme d'vne place forte & haut esleuee, ils puissent commander aux subiects, & les reduire à l'obeyssance. Le merite est la fin du mouuement de l'homme; & la conscience du merite, l'accomplissement de son repos. Car si l'homme peut par quelque degré monter au theatre de Dieu, il sera par mesme voye faict participant du repos de son Createur. *Et Dieu s'estant mis à regarder les œuures que ses mains auoient faictes, veit qu'elles estoient grãdement*

bonnes ; & ce fut alors que
s'enfuiuit le iour du Sabat.

Propofez-vous toufiours
les meilleurs exemples en
l'exercice de voftre charge: Car vous deuez fçauoir
que l'imitation n'eft , par
maniere de dire, autre chofe qu'vn globe de precep-
tes. Apres l'auoir exercee
quelque temps, faictes en
forte que vos propres
actions vous feruent d'e-
xemple à vous-mefme, &
foyez foigneux de recher-
cher fi vous ne viuez pas
mieux alors qu'aupara-
uant.

En la reformation de vo-
ftre vie, fuyez la préfom-
ption & le fcandale, tant
des perfonnes que du paf-
fé ; & tafchez en outre de
donner enfemble de bons
exemples, & de les fuiure.

Reduifez les chofes à
leur premiere inftitution,
& remarquez bien en
quoy, & comment elles
ont forligné. Mais fur
tout, confeillez-vous auec
le paffé, touchant ce qui
eft bon à faire ; & apprenez du dernier temps ce
qu'on peut effectuer plus
à propos.

Rendez-vous exact’ & regulier au cours des affaires, afin que les hommes cognoissent ce qu’ils peuuent attédre de vous. Que s’il vous prend quelque enuie de vous desfaire de voſtre office, dictes-le clairement, & sans y apporter ny ambiguité, ny ceremonie.

Conseruez les droicts de voſtre charge religieuse-mét, & sans former à tout coup de nouuelles controuerses sur voſtre Iurisdiction. Au lieu d’en venir si auant, raschez d’en tirer

raifon fecrettement ; de
peur que voftre indifcre-
tion ne vous face démet-
tre tout à faict de ce que
vous pretendez.

Soyez foigneux pareil-
lement de la conferuation
des offices qui font fubal-
ternes au voftre, vous efti-
mant plus honnoré d'e-
ftre Chef en la direction,
qu'entre-metteur de tou-
tes affaires.

Embraffez auffi les cor-
refpondances qui vous
peuuent ayder en l'exercice de voftre charge, & ne
reiettez point ceux qui

vous donnent des aduis
sur l'estat des affaires : Au
contraire prenez-les en
bonne part, & les en re-
merciez.

Les principaux defauts
qui se commettent d'ordi-
naire dans les charges plus
releuees, sont quatre, à sçauoir Delay, Corruption,
Rebut, & Facilité.

Pour le premier, vous
deuez donner à tous vn ac-
cez facile ; ne manquer au
temps limité ; continuer
vne affaire commencee; &
ne mesler ny confondre
les choses, si ce n'est en

cas d'extreme necessité.

Quant à la Corruption, souuenez-vous de lier les mains non seulement à vous mesme, ou à vos domestiques & seruiteurs qui peuuent receuoir, mais encore à ceux qui peuuent offrir. Car l'hôme d'honneur pratique fort bien l'vn & l'autre, lors que detestant les presents, il sçait euiter la faute, & pareillement le soupçon. Or quiconque est trouué variable, & qui change de train aux affaires sans apparence de cause, il se
faict

faict vrayement soupçon-
ner de s'estre laissé corrompre. Vn seruiteur qui en
prend par tout, rend ma-
nifeste sa vilainie, & n'est
tenu que pour vn souïl-
lon.

Pour le regard du Re-
but, il n'est nullement ne-
cessaire, & ne peut estre
que desplaisant : par ainsi
de luy-mesme s'engendre
la hayne ; comme de la se-
uerité naist la Crainte. A
quoy i'adiouste qu'en ma-
tiere de reprimandes les
paroles en doiuent estre
graues, mais sans offence.

Touchant la Facilité, ie trouue que c’est vne chose beaucoup pire, d’accorder à tout propos ce qu’on nous demande, que de receuoir des presents, parce qu’on n’en faict pas tousjours. Mais si l’homme se laisse vne fois gaigner à quelques foibles respects, il est certain qu’il ne s’en pourra iamais despestrer. Voyla pourquoy Salomõ dict, *Que celuy qui a trop d’esgard aux personnes, se tire de son deuoir pour vne piece de pain.* A quoy l’on peut rapporter ce dire des Anciens,

Que la dignité faict cognoistre l'homme, & qu'elle-mesme monstre que l'vn est pire, & l'autre meilleur. C'est pourquoy Tacite parlant de Galba, dict de luy *Que tous l'estimoient capable de l'Empire auant qu'il fust Empereur* ; & de Vespasian, *Qu'il fut le seul des Empereurs qui se changea en mieux* ; bien que l'vn se doiue entendre de la suffisance, & l'autre des affections, & de la façon de viure.

C'est sans doute vne marque asseuree du merite, & de la generosité d'vn es-

prit , quand pour s'amen
der il se propose l'hóneur
lequel est vrayement o
doit estre le siege de l
Vertu. Et comme en l
nature nous voyons qu
toutes choses tendent ha
stiuement à leur centre, ou
elles demeurent fixes &
immobiles ; ainsi la Vertu
est violente au desir qu'el
le a de passer outre ; & cal
me quand elle est en au
thorité.

De l'Empire.

VII.

IE trouue miserable 'la condition d'vn esprit, en ce qu'il a peu de choses à desirer, & plusieurs à craindre. Et neantmoins c'est à quoy les Roys sont le plus subiects d'ordinaire. La raison en est, parce qu'estans esleuez au sommet de la dignité, leurs desirs manquent de matiere, tellement que leur esprit n'en est pas si vigoureux,

ny ſi ſerain auſſi, à cauſe
des nuages & des obiects
de maints dangers qui ſe
repreſentent. Ce qui eſt
encore vne cauſe de l'effet
mentionné dans la ſaincte
Eſcriture; à ſçauoir, *Qu'il
eſt impoſſible de penetrer dans
le cœur d'vn Roy.* Or la principale raiſon pour laquelle on ne peut que bien difficilement cognoiſtre le
cœur de l'hóme, prouient
de la diuerſité de ſes enuieux appetits, & de ce
qu'en luy ne predomine
aucun deſir qui puiſſe regler & mettre par ordre

routes ses autres affectiós.

De là vient aussi que les Princes forment quelquefois en eux mesmes certains desirs, dont le succez leur est vn extreme cótentement. Ainsi les vns se plaisent aux cóptes qu'on leur faict, & aux mots pour rire; les autres aux bastimens, ou à l'institution de quelque Ordre; & plusieurs à se rendre excellens en vn art qui leur agrée; mesme en vn ouurage de main; & en pareilles choses, qui semblent d'abord incroyables à ceux qui ne fçauent point ceste maxime: *Que l'esprit de l'homme prend beaucoup plus de plaisir d'ſadonner auec profit aux choſes petites, qu'à demeurer ſans aduancement dans les grandes.*

Auſſi l'experience nous apprend que les Princes qui ſont heureux à côqueſter durant leur ieuneſſe chágent tout à faict d'humeur, & deuiennent meláncholicques en leurs dernieres annees. L'Hiſtoire le remarque ainſi d'Alexandre le Grand: & de noſtre memoire l'Empereur

Charles V. nous en a seruy
d'exemple, auec beaucoup
d'autres. Toute la raison
qu'on en peut donner, est
que celuy qui tourne en
coustume d'aller tousiours
plus auant, perd toute
creance de soy, si voulant
passer outre il y trouue le
moindre obstacle.

C'est vne chose grande-
ment difficile de bien gouuerner vn Estat, parce que
tout temperament, soit
bon ou mauuais, est tous-
jours composé de choses
contraires. Or il y a bien
de la difference de mesler

ensemble les contraires, &
de les prendre à diuerses
fois. Ie trouue qu'on peut
tirer vne excellente instruction de la response qu'A-
pollonius fit à Vespasian,
lors qu'ayant voulu sça-
uoir de luy d'où estoit ve-
nuë la ruine de Neron? Cet
Empereur, luy respondit-il,
ioüoit fort bien de la harpe, &
l'accordoit encore mieux : mais
en matiere de Gouuernement,
ores il tendoit trop les cordes,
& tantost il ne les montoit pas
assez haut. Et de vray l'authorité d'vn Estat panche
aussi tost à sa ruine , lors

qu'on y apporte du relaf-
che, ou de la contrainte
hors de faifon & auec iné-
galité.

La Prudence du temps
prefent au maniement des
grandes affaires, eft pluftoft vne accorte induftrie
d'euiter finement les dangers, qu'vn folide moyen
de les tenir à l'efcart. Si eft-
ce pourtant que les hom-
mes doiuent bien prendre
garde, que par leur peu de
foin, ou par vne tolerance
trop grande, ils ne laiffent
preparer la matiere des re-
uolutions. Car depuis que

la flammesche est vne fois
allumee, nul ne luy peut
commander, ny preuoir
toußiours en quelle part
elle prendra feu.

Souuent les affaires des
Princes sont trauersees par
d'estranges difficultez ; &
souuent aussi le plus grand
obstacle qu'on y trouue
est en leur esprit. Saluste le
tesmoigne quand il dict;
*Que c'est vne chose ordinaire
aux Princes de vouloir en vn
mesme temps des effects qui se
contrarient, & qu'il n'est rien
si prompt que leur volonté.*
Mais en matiere de puis-

ſance, c'eſt vn Soleciſme
de penſer qu'il ſoit poſſible de voir l'execution &
la fin d'vn commandemét,
ſans ſe donner la patience
d'y paruenir par quelque
milieu. Les Princes reſ-
ſemblent aux corps cele-
ſtes, qui font les bonnes &
les mauuaiſes ſaiſons, &
qui neantmoins n'ont ia-
mais de repos, bien que
chacun les reuere. Bref
tous les preceptes qui tou-
chent les Roys, ſont com-
pris en ces deux memoi-
res : *Souuenez-vous que vous
eſtes hommes : & ſouuenez-*

vous auſsi que vous eſtes Dieux;
L'vn pour refrener leur
puiſſance, & l'autre pour
tenir en arreſt leur vo-
lonté.

Du Conſeil.

VIII.

LA plus grande con-
fiance qui ſoit en-
tre les hommes eſt celle
qu'on met en vn Conſeil-
ler. En matiere de toute
autre choſe les hommes
peuuent fier à quelqu'vn
leur perſonne, leurs terres,

leurs biens, leurs enfans,
leur honneur, & finalemét
leurs affaires particulieres.
Mais depuis qu'ils pren-
nent vn home pour Con-
feiller, ils remettent toutes ces chofes enfemble à
fa difcretion; ce qui oblige d'autant plus les Con-
feillers à fe monftrer fideles & gens de bien.

Lors que les plus fages
Princes ne font rien qu'a-
uec confeil, il ne faut pas
qu'ils penfent que leur
Grandeur en foit amoin-
drie, & eux moins capa-
bles, puis que Dieu mef-

me a ſon conſeil, & que
l'vn des plus grands noms
qu'il ait donné iamais à
ſon Fils, eſt celuy de Conſeiller : ce qui faict dire à
Salomon, *Que la fermeté
ſ'appuye ſur le Conſeil.* Comme en effect il eſt certain
que les choſes qu'on entreprend ſans les peſer auparauant auec vne meure
deliberation, ſe trouuent
eſbranlees plus d'vne fois,
ou combattuës des vagues
de la fortune ; & qu'ainſi
apres qu'on ſ'eſt bien peiné pour les deſbroüiller,
ou pour en auoir vne iſſuë,

on

õn n'y voit non plus d'af-
feurance & de fermeté
qu'aux pas d'vn yurógne.

L'experience apprit au
Roy Salomon la force
du Confeil, comme fon
pere en auoit auparauant
efprouué la neceflité : Car
fon Royaume fauorifé de
Dieu, ne fut defmembré
que par vn pernicieux ad-
uis. Auquel neantmoins
nous trouuerons pour no-
ftre inftruction deux marques fort propres à reco-
gnoiftre quand vn Con-
feil eft bon ou mauuais, fi
nous cófiderons que l'ad-

uis dont nous venons de parler, fut pour le regard des perſonnes donné par de ieunes gens, & quant à la choſe, accompagné d'vne extreme violence.

Les Sages nous ont fort bien propoſé la conjonctió inſeparable des Roys auec leurs Conſeillers; enſemble le grand beſoin qu'ils ont de ne ſ'ayder que d'vn bon Cóſeil; l'vn, quand ils ont dict que Iupiter eſpouſa Metis, qui ſignifie le Conſeil, pour monſtrer qu'on le doit marier auec la Souuerai-

neté; l'autre en la suite de
la fable, qui est, qu'apres
l'auoir espousee , com-
me il veit qu'elle estoit en-
ceinte de son faict , il en
deuora le fruict , si bien
que luy-mesme deuenu
gros, enfanta Pallas, qui
nasquit de son chef toute
armee.

Ceste fable, quoy que
monstrueuse, apprend aux
Roys ceste grande maxi-
me d'Estat, que pour se
bien seruir de leur Conseil
ils doiuent du commence-
ment remettre la charge
des affaires entre les mains

de leurs Conſeillers ; &c
c'eſt la premiere genera-
tion ou la premiere groſ-
ſeſſe ; Mais qu'eſtans vne
fois digerees ou formees
dans tout ce corps, ſi bien
qu'il ne reſte plus qu'à les
enfanter , il faut qu'a-
lors ils commandent à
ceux de leur Conſeil de ne
paſſer outre, ſoit en la re-
ſolutió ou en la direction,
comme ſi l'affaire depen-
doit d'eux. Ainſi ſ'aydans
de pluſieurs aduis , qu'ils
facent voir au monde, que
les Ordonnances & les Ar-
reſts (leſquels ſont compa-

rez à Pallas armee , parce
qu'on les prononce auec
prudéce & authorité) pro-
cedent d'eux-mesmes, &
non seulemét de leur puis-
sance, ains encore, pour se
mettre plus en estime, de
leur propre teste,& de leur
inuention.

L'on a remarqué trois
inconueniens qui peuuent
arriuer, quand il est question d'assembler le Con-
seil, & de s'en seruir. Le
premier est, de publier si
auant les affaires, qu'elles
en soient moins secrettes.
Le second, d'affoiblir l'au-

thorité des Princes, com-
me s'ils n'estoient assez habiles d'eux mesmes. Le
troisiesme, d'estre infide-
lement conseillé, & plu-
stost pour le bien de celuy
qui donne l'aduis, que du
Prince qui le reçoit. Contre lesquels accidens l'vsage du Conseil, qu'on ap-
pelle du Cabinet, s'est introduit en quelques Roy-
aumes.

Pour le regard du secret,
les Princes ne doiuent
point communiquer tou-
tes choses à tous ceux de
leur Conseil: mais bien fai-

re vne eſlite des princi-
paux ; outre qu'il n'eſt nullement neceſſaire que ce-
luy qui ſe cóſeille ſur quelque faiĉt, declare quelle
eſt ſon intention là deſ-
ſus. Que les Princes prennent donc garde que le
peu de ſecret de leurs affaires ne vienne d'eux-meſ-
me, cóſiderant qu'il ne ſe
trouue que trop de cajol-
leurs, qui font gloire de
leur babil, & dont la langue eſt beaucoup plus
dommageable que le ſi-
lence de pluſieurs, qui ſçauent que le deuoir les obli-

ge à ne dire mot.

Quant à l'affoiblissement
de l'authorité d'vn Prince,
la fable cy-deuant alle-
guee apprend le moyen de
l'empefcher. Certes iamais
aucun Souuerain n'a efté
defnué de fes dependances
par fon Confeil, que lors
qu'il feft trouué de l'v-
nion entre plufieurs, &
que les vns ont enuié la
grandeur des autres.

Touchant le dernier in-
conuenient, à fçauoir que
l'ordinaire des hommes
eft de rapporter à leur particulier intereft les con-
feils

feils qu'ils donnent, bien
qu'on ne fçache que trop
*qu'il ne fe trouue point de foy
fur la terre*; cela neátmoins
fe doit entédre des temps,
& non pas des perfonnes
particulieres. Il y a quelquefois des hommes qui
ne font ny artificieux ny
broüillons, & qui tiennét
ce don de la nature d'eftre
fideles, entiers, incorrupti-
bles, & iuftes : Tellement
que les Princes ne peuuent
mieux faire, que de tirer
telles gens à leur feruice, &
prés de leurs perfonnes.
D'ailleurs, ceux de leur

Conseil ne font pas touf-
jours en fi bonne intelligence, que les vns n'ef-
pient les deportemens des
autres. Le meilleur reme-
de que ie trouue en cecy,
eft que les Princes ayent
autant de foin de cognoi-
ftre leurs Côfeillers, qu'eux
mefmes ont de curiofité
pour fçauoir de quelle humeur font les Princes.

C'eft au Prince vn heur sãs pareil,
De bien cognoiftre fon Confeil.

I'adioufte à cecy qu'ef-
plucher de trop prés les
actions d'vn Souuerain eft
vne chofe fort mal-feante

au Conseiller, qui doit auoir plus de soin d'apprendre les affaires de son Maiſtre, que l'inclination de luy-meſme; eſtant vray-semblable que le deuoir de ſa charge l'oblige pluſtoſt à luy donner de bons aduis, qu'à chatoüiller ſon humeur.

L'on ne ſçauroit croire combien eſt grand le profit que tirent les Princes, de prendre l'aduis de leurs Conſeillers ſeparément, & en corps auſſi. Lors qu'on dit ſon opinion ſeul à ſeul, l'on n'eſt pas d'ordinaire ſi

retenu, ny si respectueux,
que quãd on le declare en
public. Les hommes sont
moins honteux en leur
particulier; & en compa-
gnie plus subiects à l'humeur d'autruy. C'est pourquoy il est grandement à
propos de s'ayder de tous
les deux, à sçauoir des inferieurs separément, afin
de ne rien oster à leur liberté; & des principaux,
deuant toute vne assem-
blee, pour les mieux tenir
dans les bornes du respect.

Il ne sert de rien aux
Princes de se conseiller sur

l'eſtat des affaires, ſ'ils n'e-
xaminent par meſme voye
de quelles gens ils pren-
nent aduis. Comme tou-
tes les choſes ſimplement
conſiderees, ſont autant
d'images muettes & mor-
tes, la vie de l'execution
des affaires conſiſte à ſçauoir choiſir les perſonnes.
En quoy il ne faut point
proceder par les genres, ou
comme en Idee, & en ab-
ſtraction, pour ſçauoir de
quelle eſpece de perſon-
nes on ſe doit ſeruir : mais
pluſtoſt en indiuidus, parce que le meilleur iuge-

ment, & les plus grandes fautes aussi paroissent en l'election des indiuidus. Celuy-là ne mentit pas qui dict, *Qu'il n'est point de meilleurs Conseillers que ceux qui sont morts.* Aussi est-il veritable que les liures parlent distinctement, & qu'il est bon de les fueilletter, principalement ceux dont les Autheurs ont eux-mesmes esté les Acteurs en la Scene.

De l'expedition des affaires.

I X.

IL n'eſt rien ſi dange-reux en matiere d'affai-res qu'vne diligence affet-tee. Elle reſſemble à ce que les Medecins appellét predigeſtion, ou digeſtion haſtee, qui ne ſert qu'à remplir le corps de crudi-tez, & de ſecrettes ſemen-ces de maladie. Ne iugez dóc point de l'expedition d'vn faict par le temps que

vous employez à demeu-
rer affis au Confeil , ains
pluftoft par l’aduancemét
que vous faictes. Il eft des
perfonnes qui n’ayans
point d’autre foin que
d’aller vifte , ne cherchent
qu’à nicher quelque pe-
riode fauffe dans vne affaire , afin de paroiftre hommes de defpeche & actifs.
Mais abreger vn faict à
force de le rétreffir, ou de
le rendre moindre qu’il
n’eft , font deux chofes
bien differentes. Vne affaire ainfi maniee par pieces
eft ordinairement prolon-

gee en ſon entier. Il me
ſouuient qu'vn grand per-
ſonnage de ma cognoiſ-
ſance ne voyoit iamais les
hommes ſe precipiter à la
cõcluſion, qu'il ne diſt en
murmurant, *Arreſtons-nous
vn peu ie vous prie, afin d'ache-
uer pluſtoſt.*

La vraye expedition eſt
vne choſe riche de ſoy. Car
comme l'argent ſe peut
appeller la meſure des
marchandiſes, le temps
l'eſt auſſi des affaires, qui
couſtent bien cher ſi l'on
y perd beaucoup de iours,
ou de mois. Eſcoutez donc

volontiers celuy qui vous
inſtruict le premier ſur vn
faict, & taſchez pluſtoſt de
luy ſeruir d'adreſſe au cõ-
mencement, que de l'in-
terrompre dans le fil de
ſon diſcours : Autrement
ſi vous le troublez en ſa
methode ordinaire, vous
verrez qu'il mettra deuant
ce qui doit aller derriere,
& qu'il ſera plus ennuyeux
en ſes diuiſions, que ſ'il
euſt deduit ſon affaire à ſa
mode, & tout d'vne ſuit-
te. Ce qui monſtre aſſez
que le Moderateur eſt
quelquesfois plus faſ-

cheux que l'Acteur.

Les repetitions ne sont d'ordinaire qu'vne perte de temps, qu'on ne peut mieux gaigner qu'en reïterant le suject qui se met en question, afin de reprimer par ce moyé plusieurs inutiles recherches, & de les faire auorter. Il est certain que les longs & curieux discours ne seruent non plus à l'expedition d'vn faict, qu'vne longue robe à la course: l'approuue encore moins les prefaces & les excuses, ou telles autres digressions tou-

chant la perſonne de celuy
qui parle, qui ne ſót qu'apparences de modeſtie, &
monſtres de vanité: Gar-
dez-vous bien neátmoins
d'enfoncer tout à coup la
matiere, ſi vous iugez que
dans les volontez de ceux
auſquels vous parlez ſe
trouue quelque maniere
d'empeſchement ou d'ob-
ſtacle. La preoccupation
requiert touſiours vn Pre-
face, qui ſert beaucoup à
la perſuaſion, cóme nous
voyons que l'onguent pe-
netre mieux par le moyen
des fomentations.

L'expedition ne reçoit
vie que de l'ordre & de la
diftributió,pourueu qu'elle ne foit point trop fubti-
le. Si l'on ne diuife bié vne
affaire,il eft impoffible de
s'y donner vne bonne en-
tree, & de s'en tirer nette-
ment, fi l'on n'eft trop
exact' en la diuifion. C'eft
gaigner le temps que de le
fçauoir choifir, & battre
l'air vainement que de
parler hors de faifon.

Les principales parties
d'vne affaire font trois,
preparer,debattre,ou exa-
miner, & refoudre. Que fi

vous en attendez l'expedition, faictes en sorte que
la seconde partie seulemét
soit l'ouurage de plu-
sieurs, & que peu de gens
trauaillent au premier &
au dernier poinct. Or les
procedures qui se font par
escrit sur quelque chose en
facilitent l'expedition la
plus-part du temps : Et
quand il aduiendroit à
quelqu'vn d'en estre es-
conduit, ce refus seroit
tousiours plus propre à
produire la direction, que
si on le tenoit en branfle
& irresolu, comme l'on

voit que les cendres ay-
dent beaucoup mieux à la
fertilité de la terre, que ne
faict la poussiere.

De l'Amour.

X.

L'AMOVR est d'ordi-
naire l'Argument des
Comedies, & souuent en-
core des Tragedies. Cela
móstre bien que c'est presque tousiours vne passion
legere, & quelquefois aussi violente. L'on ne sçauroit mettre en doute qu'il

n'y puiſſe auoir de l'excez,
puis qu'il n'appartiét qu'à
l'Amour de parler par Hy-
perbole: Ce qui ne paroiſt
que trop au diſcours (d'où
vient qu'il eſt dict, *Que*
l'homme eſt à ſoy-meſme le
Roy de la flatterie, auec lequel
les moindres flatteurs ont de
l'intelligence) & qui ſe veri-
fie encore plus aſſeuré-
ment en celuy qui ayme.

Il eſt certain que iamais
homme, quelque ſuperbe
qu'il fuſt, ne fit tant d'eſtime de ſoy, que l'Amant
en faict de la choſe aymee.
Ceſte verité a donné lieu à

ces

ces paroles fententieufes,
Qu'il eft impoſsible d'eſtre en-
femble amoureux & ſage. Or
comme il n'eſt celuy qui
ne prenne garde à ceſte
folie, la perſonne aymee
eſt la premiere qui ſ'en aduiſe, ſ'il aduient que ſon
amour ne ſoit reciproque:
Car c'eſt vne maxime in-
faillible, que l'Amour deuient touſiours recipro-
que, ou qu'il ſe change en
vn meſpris interieur & ſecret. C'eſt pourquoy les
hommes ſont d'autát plus
obligez de ne ſe laiſſer ſur-
prendre à ceſte paſſion,

d’où ſenſuit la perte de
l’Amour meſme , & de
pluſieurs autres choſes.

Les Poëtes nous ont re-
preſenté ceſte perte, quand
ils ont feint que celuy qui
prefera iadis Helene , ſe
priua des dons de Iunon
& de Pallas. Par où nous
eſt monſtré que pour ſ’at-
tacher auec excez aux paſ-
ſions amoureuſes , il faut
faire eſtat de renoncer entierement à la ſageſſe , &
aux biens de fortune. Ce-
ſte paſſion a ſon flux & ſon
reflux dans les ſaiſons des
foibleſſes humaines , qui

confistent aux extremitez
du bon-heur, ou de l'ad-
uersité ; bien que ce dernier ait esté moins remarqué. Ces deux conditions
sont les boute-feux de l'A-
mour, qui augmentent les
degrez de sa chaleur,& fôt
voir par consequent que
c'est l'vne des creatures de
la Folie.

Il faut donc tenir pour
bien aduisez ceux qui lais-
sent en son quartier ceste
passion, la separans entierement de leurs plus im-
portantes affaires , & des
actions de la vie. Car s'il

aduient vne fois qu'elle s'y
donne vne entree, elle ne
faict que troubler la fortune des hommes, & les
reduit iusques-là, qu'il leur
est du tout impossible de
se tenir fermes & asseurez
dans leurs propres bor-
nes.

De l'Amitié.

XI.

IL n'est point de solitude
pareille à celle de l'homme qui manque d'Amis
ausquels il se puisse fier,
puis que la conuersation
n'est autre chose qu'vne
rencontre inopinee, si l'a-
mitié ne l'accompagne.
Comme il est certain que
l'vnion qui se trouue aux
corps animez fortifie le
mouuement naturel, &
qu'elle-mesme l'affoiblit,

ſil eſt violent: ainſi l'Amitié multiplie les contente-
mens des hommes, & par-
tage entr'eux les douleurs.
Doncques ſi quelqu'vn
manque de force, qu'il
adore ſainctement l'Ami-
tié, dont le ioug rend celuy de la Fortune plus
doux.

Il eſt des hommes qui
paſſent leur vie, comme
ſ'ils declamoiét touſiours
ſur quelque theatre; maſ-
quez à tous les autres, &
deſcouuerts ſeulement à
eux-meſmes. Mais comme
il n'eſt rien ſi penible que

de diſſimuler perpetuelle-
ment, i'appelle vn excel-
lent Mercenaire celuy qui
geſne ſon naturel, pour ſe
reſoudre tout en fortune.

Gardez-vous d'en faire
de meſme, & d'eſtre ſi reſ-
ſerré, que vous deſdaigniez
d'acquerir des amis auec
leſquels il vous ſoit permis
de communiquer. Vous
pourrez par ce moyen deſ-
brouïller voſtre entende-
ment, eſteindre vos paſ-
ſions , & mettre en eſtat
vos affaires. Cela n'empeſche pas neantmoins que
pour voſtre entretien par-

ticulier, vous ne reseruiez
quelque secret recoin dãs
l'esprit ; quand ce ne seroit
pour autre chose qu'afin
de vous asseurer que la cō-
munication de soy-mes-
me ne procede point d'v-
ne certaine facilité , mais
pluftoft du vray vsage de
l'Amitié.

Or comme le manque-
ment de vrays amis est la
recompense d'vn naturel
desloyal, ainsi c'est vn tri-
but qui semble estre mis
fur vne grande fortune.
L'vn ne le merite que
trop, & l'autre ne le peut
euiter.

euiter. Tellement qu'il eſt
bon de cóſeruer touſiours
la vraye franchiſe, & de ſe
repreſenter qu'en matiere
d'ambition, plus on ſ'eſle-
ue, & plus on eſt en dan-
ger de manquer de vrays
amis. La perfection de
l'Amitié n'eſt rien qu'vne
pure ſpeculation. Elle eſt
vrayement inuiolable &
ſaincte, quand vn homme
peut dire à ſoy-meſme: Ce
n'eſt point le profit que i'en eſ-
pere qui m'oblige à aymer ce-
ſtui-cy, mais pluſtoſt le ſeul bien
que ie luy deſire. C'eſt ce qui
faict que mon cœur luy eſt touſ-

jours ouuert, que ie le separe de la communauté de ceux auec lesquels ie passe ma vie, & que ie l'associe à mes propres vœux.

De l'Atheisme.

XII.

IE croiray pluftoft toutes les fables de l'Alcoran que de penfer feulement qu'il n'y ait point de fouuerain moteur en tout ce grand Vniuers. Dieu n'a iamais fait des miracles pour la côfufió des Athées parce que fes œuures or-

dinaires fuffifent pour les
cõuaincre. Vne legere co-
gnoiſſance de la Philoſo-
phie peut porter à l'Atheiſ-
me l'inclinatiõ, & la reduire auſſi à la Religion, ſi l'on
peut penetrer plus auant
dãs elle-meſme. I'aduouë
que l'eſprit humain ſ'arre-
ſte ſouuent ſur les cauſes
ſecondes, principalement
quand il les conſidere eſ-
parſes & ſeparees : Mais il
eſt impoſſible auſſi que les
contemplãt vnies & ioin-
tes enſemble, il n'aduouë
la Prouidence & la Deïté.
L'eſcole de Leucippe, de

Democrite, & d'Epicure,
qu'on a reprife d'Atheif-
me, eft celle mefme qui
faict voir la Religion plus
clairement que toutes les
autres. Car il y a bien plus
d'apparence qu'vne quin-
teffence immuable, & qua-
tre muables Elemens ran-
gez auec proportion, & de
toute eternité, fe puiffent
paffer d'vn Dieu; qu'il n'eft
croyable qu'vne côfufion
d'atomes & de femences,
ou de petits corps, ait peu
produire cet ordre & cefte
beauté, fans vne caufe premiere.

La faincte Efcriture rapporte que, *l'Incensé a dict en fon cœur qu'il n'eft point de Dieu.* Où il faut remarquer qu'elle ne l'accufe pas de le penfer en fon ame, ains pluftoft de le dire en fon interieur, ou de le dicter à foy-mefme, comme vne chofe qu'il defire grandemét, fans que neantmoins il la croye, parce qu'il n'en eft pas affeuré. Auffi nul ne met en doute qu'il n'y ait vn Dieu; hors-mis ceux pour lefquels il feroit bon qu'il n'en fuft point.

L'on tient qu'Epicure

eut plus d'esgard à l'honneur, qu'à sa propre opinion, quád il affirma qu'il y auoit certaines natures bien-heureuses, qui se contentoient de leur propre felicité, sans se mettre en peine du gouuernement des choses du monde. Par où l'on veut dire qu'Epicure s'accómodoit au téps quand il parloit de la sorte, bien qu'en son interieur il ne recogneust point de Dieu. Mais il est certain qu'on l'accusoit sans raison, puis que ce fut luy qui profera ces belles paroles, *Que c'eſt vne choſe prophane d'appliquer aux Dieux les opinions du Vulgai-re, & non pas de nier les Dieux de luy-meſme.* Certes le diuin Platon n'en euſt pas dict dauantage. Or ſi Epicure eſtoit ſi hardy que de n'admettre la proui-dence de Dieu, du moins il faut qu'on m'aduouë qu'il n'en pouuoit nier la nature.

Les peuples des Indes Occidentales donnent des nós propres à leurs Dieux particuliers, bien qu'ils n'en ayent point de com-

mun pour dire DIEV; cṍ-
me fi les Payens euſſent eu
les noms de Iupiter, d'A-
pollon, de Mars, &c. &
non pas le mot DIEV. Ce-
la nous apprend qu'il n'y a
point de nation ſi barbare
qui n'ait quelque concep-
tion de la Diuinité; quoy
que ces peuples ne la puiſ-
ſent pas auoir ſi ample que
nous. Tellement que les
Sauuages meſme, quel-
ques groſſiers qu'ils ſoiét,
entrent au champ de ba-
taille pour combatre l'im-
pieté des Athees.

Ceux qui nient l'eſſence

de Dieu, deſtruiſent la noꝛ
bleſſe de l'homme ; qui
neátmoins eſt ſi brutal en
ce qui eſt du corps, que ſi le
ſeul eſprit ne l'allioit auec
Dieu, il ne feroit qu'vne
creature vile & rampante.
Ils ruinent encore tout ce
que la nature a de grand &
de genereux. Ie n'en veux
point d'autre exemple que
celuy du chien qui redou-
ble ſon aſſeurãce & ſa force ſoubs l'ombre & la protection de ſon maiſtre; qui
eſt, par maniere de dire,
comme ſon Dieu, ou du
moins qui luy tient lieu

d'vne meilleur nature.
D'où vient que la confiance qu'il y met le fortifie de
telle sorte, que sans elle il
s'en faudroit plus de la
moitié qu'il n'eust tant de
force.

Suyuant quoy , nous
voyons encore que l'hom-
me qui s'asseure sur la faueur, & sur l'assistance Diuine, reçoit tant de force
& de foy, qu'il est impossible à la nature humaine
d'y paruenir iamais de soy-
mesme. Ainsi, comme l'A-
theisme est tousiours de-
testable & pernicieux de

quelque façon qu'on le
confidere, ce qui le rend
encore plus odieux eft,
qu'il a cela de mauuais, d'o-
fter à noftre Nature les
moyens de s'efleuer au deffus de l'humaine fragi-
lité.

Ce dommageable effect
ne porte pas coup feule-
ment fur des particuliers,
mais, ce que i'y trouue de
pire , contre des nations
toutes entieres. Il n'y eut
iamais d'Eftat qui efgalaft
en grãdeur de courage ce-
luy des Romains : Oyez
maintenant ce que Cice-

ron en a dict. Flatons-nous
tant qu'il nous plaira (Mes-
fieurs nos Peres) fi eft-ce que
nous n'auons ny vaincu les Ef-
pagnols en nombre, ny les Gau-
lois en force , ny ceux de Car-
thage en rufes , ny les Grecs en
artifices, ny finalement les Italiens mefmes , & les Latins en
bonne intelligence , qui eft vne
vertu familiere, & comme naturelle à tous ceux de ce pays:
Mais il eft bien vray auffi
qu'en matiere de Religion &
de pieté, nous auõs gaigné l'aduantage fur toutes les nations
par nous conqueftees , ayans
fagement fceu cognoiftre , que

les choſes du monde eſtoient
gouuernées par la ſouueraine
puiſſance des Dieux immor-
tels.

De la prudence d'vn homme appliquee à ſoy-meſme.

XIII.

LA fourmy eſt vn pau-
ure petit animal, ſage
de ſoy, & neantmoins nui-
ſible aux iardins. C'eſt ainſi que les hommes qui ſ'ay-
ment eux-meſmes auec
paſſion, ſont les motifs de

la defolation des Eftats.
Faictes donc vn raifonna-
ble partage de cet amour
propre à celuy du public,
& n'aymez pas tant voftre
profit que tout le domma-
ge en reuienne aux autres.
L'homme n'a point de pi-
re centre en fes actions
que foy-mefme. Auffi n'eft
il rien que terre, qui feule
demeure ferme enfon pro-
pre centre , pendant que
toutes les chofes qui f'a-
uoifinét des Cieux fe meu-
uent au centre d'vn autre
auquel elles font du bien.
Comme il eft vray qu'vn

Prince ne peut auoir du bien ny du mal , que son peuple ne s'en ressente, vouloir rapporter tout à soy est vne chose supportable en vn Souuerain; mais vne faute irremissible en vn seruiteur à l'endroit de son Prince, ou si vous voulez, en vn Citoyen vers sa Republique. Car l'ordinaire de telles gens est de tourner à leur profit toutes les affaires qui leur passent par les mains ; tellement qu'il faut de necessité que leurs intentions soient le plus souuét exentricques au bien de leur Seigneur ou de son Estat. C'est pourquoy les Princes doiuent estre soigneux de prendre des seruiteurs qui soient exempts de ce blasme, s'ils ne veulent que le seruice qu'on leur doit ne deuienne qu'vne chose accessoire.

Or ce qui rend encore en cecy l'effect plus pernicieux, est qu'on n'y obserue aucune mesure. Il n'y auroit sans doute point de preportion à preferer le bien du valet à celuy du maistre : Mais il s'y en troueroit

ueroit encore moins, ſi
ſoubs l'eſperance d'vn petit profit, le ſeruiteur irri-
toit les affaires contre vn
grand bien qui pourroit
reuenir à ſon Souuerain.
Et neantmoins cela n'arriue que trop ſouuent, à cauſe que le bien qu'en re-
çoiuent tels ſeruiteurs, eſt
ſeló le modele de leur fortune particuliere ; comme
le dommage qu'ils vendét
pour le receuoir eſt auſſi
conforme au modele de la
Fortune de leur Seigneur.
Ceux qui ſont trop paſ-
ſionnez pour leur intereſt

particulier, ne fe foucient
point de faire brufler vne
maifon toute entiere pour
n'y mettre cuire qu'vn
œuf. Ce qui n'empefche
pas qu'ils ne foient quelquesfois aymez des plus
Grands,parce qu'ils ne taf-
chent qu'à leur complaire,
afin de tirer tout le profit à
eux. Et voyla les deux principaux motifs qui dans le
maniemét des affaires leur
font abandonner tout ce
qui touche le bien de leurs
Maiftres.

Du regime de viure pour se bien porter.

XIV.

LA discretion est aussi profitable en cecy que tous les Aphorismes des Medecins. Chacũ doit cognoistre sa complexion, & sçauoir les choses qui luy sont nuisibles ou bonnes. Il n'est point de meilleure medecine que ceste-cy pour conseruer la santé; ny point de conclusion plus asseuree que de pouuoir

dire; *Cela m'a faict mal , ie
n'en veux donc plus vfer*; Et
au contraire , *ie veux continuer cecy , parce que ie m'en
trouue bien.* Tant qu'on eft
icune la force de la nature
furmonte plufieurs excez,
defquels l'homme paye
l'vfure en fon dernier
aage.

Reprefentez vous donc
que les ans fe precipitent
de iour en iour à leur pe-
riode , & ne penfez pas de
pouuoir faire toufiours de
mefmes defbauches. Entre
les vieillards , ceux qui fe
monftrent plus vigoureux

sont finalement emportez pour de semblables espreuues, parce qu'ils ne peuuent souffrir vn deffi.

Au fort d'vne diette fuyez la promptitude à changer de façon de viure; ou bien si la necessité vous y force, accommodez tout le reste à tel changement: Cela vous est enseigné par ceste maxime de Nature & d'Estat, *Qu'il est beaucoup plus asseuré de changer plusieurs choses, que d'en reformer vne seule.*

Il n'est point de meilleur secret pour se bien porter,

que de chaſſer tout cha-
grin aux heures du repas,
du ſommeil, & de l'exer-
cice.

Si lors que vous eſtes en
ſanté, vous fuyez entiere-
mét la medecine, elle vous
fera trop ennuyeuſe, quád
vous en aurez beſoin. Que
ſi vous en vſez par excez,
elle ne fera point d'effect
extraordinaire, ſi quelque
temps apres vous tombez
malade. Souuenez-vous
auſſi de ne negliger le conſeil du Medecin, ſi quel-
que nouuelle indiſpoſi-
tion vous ſuruient.

En la maladie, ayez pour
principal obiect la santé.
Quand vous l'auez recou-
urée, adónez-vous ferieu-
fement aux actions de la
vie. Vne feule diette qui
confifte en vn bon regime
de viure fuffit pour guerir
la plus-part des maladies
de ceux qui s'accouftumét
à la fatigue, durant qu'ils
fe portent bien. Celfus
n'euft iamais parlé en Medecin, s'il n'euft ioinct à
fon grand fçauoir vne fa-
geffe encore plus grande:
C'eft luy-mefme qui tient
pour vn excellent precep-

te de santé, le changement
alternatif des contraires,
pourueu neátmoins qu'il
foit faict auec inclination
aux extremes, qui font
plus benings ; comme qui
diroit que manger bien,
dormir à fon aife, & faire
exercice, font des chofes
plus vtiles à la fanté, qu'v-
ne trop grande abftinen-
ce, ou qu'vn excez de veil-
les & de repos. Ainfi, comme i'ay dict n'agueres,
choififfant le plus doux de
ces extremes, il eft certain
que la Nature fe fortifie, &
qu'elle apprend à repouf-

fer

fer ce qui luy peut eſtre nuiſible.

Il y a quelquesfois des Medecins ſi complaiſans & ſi cóformes à l'humeur du malade, que pour ne luy contredire en rien, ils ſ'eſcartent de la vraye me-thode requiſe en la gueri-ſon de ſon mal. Au con-traire il ſ'en trouue d'au-tres ſi reguliers à ſuiure les preceptes de l'Art en la cu-ration de la maladie, qu'ils ne regardent que de loing en quel eſtat eſt le patient. Vous ferez donc bien d'en choiſir quelqu'vn qui tienne de tous les deux. Que si vous voyez que cela ne se puisse trouuer en vn seul, appellez en deux de l'vne & de l'autre sorte; & seruez-vous aussi-tost de celuy qui sçait vostre complexion, que du plus habile en son Art.

De la Deſpenſe.
XV.

LEs biens n'eſtás amaſ-
ſez que pour les em-
ployer honnorablement; les deſpenſes extraordinai-
res doiuent eſtre confor-
mes à l'importance de l'oc-
caſion. C'eſt pourquoy l'on ſe peut deſnuer vo-
lontairement de tous ſes moyens, pour le Royaume des Cieux, & pour la defenſe de ſa patrie.

Quant à la deſpenſe or-

dinaire, on la doit limiter à
l'efgal des biens qu'on
poffede, & la mefnager fi
difcretement, qu'il n'y ait
point d'excez, pour ofter
aux domeftiques toute
matiere de fraude & de
tromperie. Il faut prendre
garde encore de la regler à
peu prés de la plus grande
defpenfe qu'on peut faire,
afin que les comptes ne fe
trouuent moindres que
l'opinion.

Ce n'eft point baffeffe
aux plus Grands, de fe raualer à la cófideration des
affaires de leur Maifon.

Quelques-vns n'en veulent point auoir la teste rompuë, & semblent ne s'en soucier nullemét, non tant par vne espece de nonchaláce, que de peur qu'ils ont de trouuer les choses en si mauuais estat, qu'il leur en reuiéne du desplaisir. Mais dans ceste apprehension, ils feroient bien de considerer, qu'on ne peut guerir les blessures, sans les sonder auparauant.

Celuy qui n'a pas la patiéce d'esplucher par le menu l'estat de ses biens, doit

estre soigneux d'en don-
ner la charge à des personnes qu'il cognosse de longue main. Où ie l'aduise
encore de les cháger quelquefois, & d'en mettre
d'autres à leur place, parce
que les nouueaux serui-
teurs sont ordinairement
plus timides, & moins ru-
sez. Que s'il n'y veut proceder par ceste voye, le
meilleur pour luy sera d'af-
fermer à certain prix tout
son reuenu.

Vne promptitude exces-
siue, & vn trop long de-
lay sont esgalement dom-

mageables à l'homme qui
veut liquider ſes affaires:
Car l'on ſ'incommode au-
tant de vendre ſon bled en
verd, que de prendre de
l'argent à gros intereſt.
D'ailleurs, ſi nous voyons
la plus-part du téps qu'vn
grand Deſpenſier retour-
ne touſiours à ſon premier
train, que luy ſert-il d'eſtre
ſi prompt à démeſler ſes affaires ? Au contraire ceux
qui ſe tirent dés leurs peu à
peu, & cóme par degrez,
tournent ordinairement
en habitude l'eſpargne.

L'homme qui décheu de

fa premiere fortune, fe
veut remettre en eftat, ne
doit iamais defdaigner les
chofes baffes. C'eft bien
plus d'honneur de faire
peu de defpenfe, que de fe
raualer à vn petit gain. En
matiere de defpenfe, il la
faut entreprendre fi à propos, qu'elle aille toufiours
vn mefme train, depuis
qu'on l'a commécee. Il eft
vray qu'aux occafions qui
n'aduiennent que rare-
ment, on peut paroiftre
plus fplendide, & aug-
menter l'ordinaire.

Du Discours.

XVI.

PARMY les hommes, il s'en trouue qui deſi-rent pluſtoſt d'eſtre eſti-mez habiles à ſouſtenir quelque propoſitió qu'on leur face, que iudicieux à diſcerner le vray d'auec le faux;cóme ſ'il y auoit de la gloire à ſçauoir ce quipeut eſtre mis en queſtió, & nó ce qu'on doit tenir pour maxime. Quelques-vns n'excellét qu'en leurs lieux

communs, & manquent
de diuerſitez, qui eſt vne
eſpece de diſette ordinairemét ennuyeuſe, & quel-
quefois ridicule. La plus
honnorable partie du diſ-
cours, eſt d'ouurir l'occaſion de raiſonner ſur vn
poinct, puis de la mode-
rer, & de paſſer à vne nouuelle matiere.

L'on peut auſſi diuerſi-
fier ſon diſcours d'vn meſ-
lange de digreſſiós ſur l'occaſion qui ſe preſente à
propos ; & par meſme
voye mettre des queſtions
en auant; rapporter des

Hiſtoires, produire des rai-
ſons, propoſer des doutes,
citer là deſſus les diuer-
ſes opinions des Autheurs,
& bref meſler enſemble le
mot pour rire, & les deuis
ſerieux. Il eſt vray qu'en
cecy certaines choſes ont
leurs priuileges particu-
liers, & ſont exemptes de
raillerie; comme par exemple, les matieres de Religion, & d'Eſtat, les grands
perſonnages, les affaires
d'importance, & les eue-
nemens dignes de com-
paſſion.

Bref tous les hommes en

general doiuent obferuer
qu'entre railler & mordre
il y a bien de la difference.
Tel eft propre à la Satyre
& doüé d'vne viuacité d'efprit, qui n'a point de memoire à comparaifon d'vn
autre.

Or outre que celuy qui
fe plaift à faire plufieurs
queftions, apprend beau-
coup de chofes qu'il ne
fçait pas, il agrée encore à
toute vne cópagnie, prin-
cipalement f'il les applique au fçauoir de ceux aufquels il les faict. Par ce
moyen ils font bien aifes

de luy respondre, & luy-
mesme acquiert tousiours
vne cognoissance nou-
uelle.

Si vous feignez d'igno-
rer les choses ausquelles
on vous estime habile, vne
autre fois on croira que
vous sçaurez vrayement
celles qui seront tout à fait
hors de voftre cognoif-
fance.

Il n'est nullement bien-
feant à l'homme de parler
fouuent de foy-mefme. Et
neátmoins il fe peut loüer
en vn feul poinct fans eftre
blafmé, à fçauoir quand

il loüe en autruy quelque vertu qui est telle qu'il y pretend auec emulation.

Quand on est sur quelque propos, il se faut monstrer si retenu, qu'on n'offence iamais le prochain. Car le discours doit estre comme vne campagne ouuerte, sans attaquer les personnes en leur particulier.

Parler à quelqu'vn discretement, & d'vne action conforme à sa qualité, est vne chose beaucoup plus loüable que l'entretenir de belles paroles & auec

vn bon ordre. I'adioufte à
cecy, que fçauoir bien fai-
revn cópte en compagnie;
& en deuis familier n'a-
uoir la refponfe à cóman-
dement, eft vn tefmoigna-
ge du peu de viuacité d'vn
efprit. Mais il eft vray auffi qu'vne replique bonne
de foy, demonftre vne certaine foibleffe, fi elle eft fai-
&te confufemét & en mau-
uais termes ; comme nous
voyons qu'entre les ani-
maux les moins propres à
la courfe font les plus laf-
ches & fujets à trefbucher:
bref il n'eft rié fi ennuyeux

que d'apporter trop de cir-
conſtances auant que ve-
nir au poinct d'vne affaire,
ny rien ſi confus que de
n'en vſer nullement.

Du Sage en apparence.

XVII.

Velques-vns tiennét
que les François ſont
plus ſages qu'ils ne paroiſ-
ſent, & qu'au contraire les
Eſpagnols ont plus d'ap-
parence que d'effect de ſageſſe. Quoy qu'il en ſoit,
ce qu'ils diſent des natiós,

ſe

se remarque veritablemét
d'homme à homme: Voy-
la pourquoy l'Apostre S.
Paul dict fort à propos,
*Que certains hommes ayans
vne fort belle monstre de pieté,
nient la vertu d'elle-mesme.*
Ce qui faict que s'il se remarque en eux tant soy
peu de sagesse & de suffisance,ils en font vne grande feste, & qu'ils ont bien
de la peine à vendre pour
bonnes leurs bagatelles.

C'est vne chose vraye-
ment ridicule & digne d'v-
ne Satyre,de considerer les
ruses de ces Cabalistes, &

les prospectiues dont ils
vsent pour faire paroistre
la simple sur-face aussi es-
paisse qu'vn corps solide
& profond. Quelques-vns
des leurs sont si resserrez,
qu'ils n'estallent leur mer-
cerie qu'entre iour &
nuict; outre qu'ils sem-
blét tousiours auoir quelque nouueauté de reserue.
Que s'il leur aduient d'oüir
deuiser de ce qu'ils igno-
rent, ils veulent contrain-
dre les autres à croire qu'ils
en sçauent de reste, bien
qu'ils n'en puissent parler
qu'à leur deshonneur.

Il y en a plusieurs en qui le regard & les gestes tiennent lieu de discours, & qui ne sont Sages que par signes ; comme Ciceron le remarque, lors que parlant de Pison ; *Tu me responds,* luy dict-il, *auec les sourcils, dont l'vn est herissé sur le front, & l'autre rauallé iusques au menton, pour monstrer que la cruauté ne te plaist aucunement.* Vous en verrez encore, qui croyent gaigner leur cause à force de crier, ou de faire les resolus ; & qui ne demandent qu'à passer outre, accordans

touſiours volontiers ce
qu'ils ne peuuent prouuer.
I'obmets ceux qui ne tiennent non plus de compte
de tout ce qui va par deſſus
leur capacité, que d'vne
choſe curieuſe & imperti-
nente ; afin que par ce
moyen leur ignorance paſ-
ſe pour diſcretion.

Il en eſt d'autres, qui ne
ſont iamais ſans diſtin-
ctions, & leſquels ſe tirent
ordinairement du ſuject
propoſé par de vaines ſubtilitez dont ils entretien-
nent les hommes. Gellius
parlant de ceux-cy les ap-

pelle *de vrays resueurs, dont les mots poinctilleux rompent le poids & l'importance des choses.* Le diuin Platō voulant monstrer le mespris qu'il faisoit de telle sorte de gens, introduit dans son Protagoras vn certain Prodicus , auquel il fait cōposer vn discours tout semé de distinctions, depuis le commencement iusques à la fin.

C'est la coustume de ces Messieurs de se ietter du costé de la negatiue en quelque deliberation que ce soit, afin de s'en tirer

plus facilement. D'auan-
tage, ils affectét toufiours
l'honneur de faire des ob-
iections, & de preuenir les
difficultez : car les propo-
fitions fe finiffent quand
on les nie; comme au con-
traire fi on les accorde, elles requierent vne nouuelle fatigue, d'où vient que
de ce poinct de prudence
ainfi contrefaict f'enfuit
l'entiere ruine des affaires.
Bref il n'eft point de Ban-
que-routier ny d'homme
incommodé, qui pour fe
mettre à fon aife vfe de tát
d'impoftures & d'artifices

à vanter ſon imaginaire
credit, que ces Charlatans
ont de babil & de ruſes,
pour maintenir l'opinion
de leur ſuffiſance.

Des Richeſſes.

XVIII.

IE ne puis mieux appel-
ler les richeſſes que le
bagage de la Vertu. Le
mot Latin *Impedimenta*,
l'exprime mieux ; parce
que les biens de fortune
ſont aux actions vertueu-

ſes ce que le bagage eſt à
vne armee. Il eſt impoſſible aux gens de guerre de
ſe paſſer de leur equipage:
Auſſi eſt-ce l'ordinaire de
l'enuoyer deuant, ou de ne
le laiſſer derriere que le
moins qu'on peut ; Et
neantmoins il empeſche
l'armée de marcher, meſme le ſoin qu'on a de luy,
cauſe fort ſouuent la perte
de la victoire.

Il n'eſt point d'autre vſage ſubſtantiel des grandes
richeſſes que celuy de la diſtribution, *Où les moyens
ſont en abondance*, dict Salomon

mon, *là se trouuent aussi plu-*
sieurs despensiers. Comme en
effect de tous les biens
qu'vn proprietaire posse-
de, qu'en a-t'il autre chose
que la veuë? La iouyssan-
ce personnelle ne peut s'e-
stendre iamais à sauourer
de grâdes richesses. Quand
on les a, tout ce qu'on peut
faire, est de les garder, ou
de les distribuer & dóner,
ou finalement d'en acque-
rir dans le monde quelque
fumee d'honneur ; vsages
qui n'ont rien de ferme ny
de solide.

Ne voyez-vous pas

qu'on met ordinairement
vn prix fantaftique & imaginaire à certaines pierres,
ou aux pieces qu'on tient
pour rares, & que l'on entreprend exprés des ouurages magnifiques en appa-
rence , pour faire voir à
quoy les richeffes peuuent
feruir? Comme en effect,
ie fuis content d'aduoüer
qu'il y a moyen d'en vfer
pour tirer les hómes hors
des dangers,& des trauaux
de la vie, *Les Richeffes*,dict
Salomon , *font comme vne*
fortereffe en l'imagination du
Riche; Où ce n'eft pas fans

ſujet qu'il affirme qu'elles ſont en l'imagination, & non pas en la choſe meſ-me. Et de verité les grands biens ont plus vendu d'hommes, qu'ils n'en ont iamais racheté.

Ne cherchez donc point à poſſeder des richeſſes qui vous rendent inſuppor-table & altier ; mais qui ſoient telles, que vous les puiſſiez acquerir de droict, en vſer ſobrement, les di-ſtribuer auec allegreſſe, & les quitter, ſ'il en eſt be-ſoin, ſans vous tirer tant ſoit peu des bornes de la

patience. Gardez-vous
neantmoins d'en affecter
le mespris, ains apprenez
pluftoft à les diftinguer,
imitant Rabirius Pofthu-
mus, *lequel,* comme dict Ciceron, *dans le foin qu'il auoit*
d'accroiftre le bien de fa mai-
fon, faifoit voir qu'il ne cher-
choit point vne proye à l'auari-
ce, ains pluftoft vn inftrument
à la bonté. Prenez garde auffi de ne vous fier beaucoup
à ceux qui les femblent
mesprifer. Telles gens def-
daignent les biens en ap-
parence, parce qu'ils defef-
perent d'en amaffer. Que

s'il leur aduient d'eftre ri-
ches, il n'en eft point de
plus mefchans qu'eux.

Si de cas fortuit vous
eftes contrainct à quelque
petite defpenfe, faictes la
franchement, & ne paroif-
fez point chiche. Comme
les richeffes font aiflées, il
eft des téps aufquels elles-
mefmes s'enuolent de leur
bon gré; Il eft befoin auffi de les faire voler quelquefois, afin qu'elles re-
tournét mieux emplumées
à la maifon. Les hommes
laiffent leurs richeffes au
prochain, ou bié au public;

Et de vray les medio-
cres portions reüſliſſent
mieux à tous les deux. Les
grands moyens laiſſez à vn
ſeul heritier, luy ſont comme vn leurre à tous les
oiſeaux de proye, qui l'en-
uironnent pour le dechi-
rer, ſ'il n'eſt meur d'aage,
ou de iugement.

Il arriue encore quel-
quefois que les fonda-
tions, & les dons qu'on
faict au public, ſont des
tombeaux, où l'aumoſne
n'eſt depeinte que par dehors, & qui ne tardent
gueres à ſe pourrir au de-

dans. Doncques au lieu
d'eſtimer ou de meſurer
vos richeſſes par la quanti-
té, ordonnez-en auec diſ-
cretion: & ſi vous auez enuie de faire quelque charité, n'attendez point l'heure de la mort : Car , pour
ne flatter point, qui vſe de
ce delay eſt pluſtoſt liberal du bien d'autruy que
du ſien.

De l'Ambition.

XIX.

L'Ambition ne peut mieux estre comparee qu'à la cholere, passion violente, qui réd les hommes actifs, pleins de fougue, & remuans, si quelque obstacle ne la retient. Que si dans le cours de sa fureur on l'empesche de passer outre, elle se tourne alors en humeur aduste, maligne, & venimeuse par consequent. Il en est de

mesme des Ambitieux:
trouuent-ils le chemin de
s'aggrandir ou de s'aduancer, vous voyez soudain
qu'ils sont plus entrepre-
nans que nuisibles : com-
me au contraire, si quel-
qu'vn les trauerse en leurs
pretensions, ils se despi-
tent si fort, qu'ils ne voyét
qu'à contre-cœur, & d'vn
mauuais œil les hommes,
& leurs actions. Que si les
affaires vont mal, l'on ne
sçauroit croire combien
est grand le contentement
qu'ils en reçoiuent en leur
particulier ; qui est la pire

condition qui se puisse
trouuer au seruiteur d'vn
Estat, ou d'vn Prince.

Il est donc bon que les
Princes s'accoustument à
manier de telle sorte les
hommes ambitieux, qu'au
lieu de reculer ils aduan-
cent tousiours en fortune.
Mais d'autant que cela ne
se peut sans inconuenient,
il est encore meilleur de re-
ietter entierement le seruice de tels subjects. Car s'ils
voyent qu'apres auoir seruy long temps ils ne puissent esleuer leur fortune à
l'esgal de leur ambition, ne

doutez point qu'auec leur propre cheute ils n'atti-rent celle des principales affaires.

De toutes les especes d'Ambitió, celle qui cher-che à se preualoir en matie-re de choses grandes, est beaucoup moins domma-geable, que ceste autre qui veut paroistre par tout, parce que ceste derniere met les affaires en desor-dre, & les broüille entiere-ment.

Qui tasche de gaigner le dessus à des hommes de merite & de condition, en-

trepréd vne œuure de lon-
gue haleine , qui neant-
moins reüſſit touſiours au
bien du public. Mais ce-
luy dont l'induſtrie ne
tend qu'à ſe rendre ſoy-
meſme vne ſeule figure
parmy pluſieurs o o, eſt capable de ruiner tout vn
monde, & de le faire aller
de mal en pis.

L'honneur a trois cho-
ſes en ſoy , l'aduantage à
bien faire, l'accés prés de
la perſonne des Princes, &
des hommes releuez, &
l'induſtrie d'aggrandir ſa
propre fortune. I'appelle

homme de bien celuy qui
dans le defir de s'aduancer,
fe propofe la meilleure de
ces pretenfions, & gráde-
ment fage le Prince qui les
fçait difcerner en l'Ambitieux. Bref tous les Eftats
& les Princes en general
doiuent choifir de tels
Agens & Miniftres en
leurs affaires, qu'ils ayent
plus de foing de s'acquit-
ter dignemét de leur charge, que de s'aggrandir; &
plus d'affection aux affaires, parce que la confcience les y oblige, que d'intention d'auoir feulement

l'apparence & le bruict de s'en acquiter. A quoy leur seruira beaucoup de sçauoir distinguer vn naturel remuant d'auec vn esprit qui a de l'inclination à la promptitude.

De la Ieunesse, & du dernier aage.

XX.

T E L est ieune d'ans qui peut estre vieil d'heures, s'il n'a perdu le temps à des bagatelles : mais telle chose aduient rarement.

Les ieunes gens reſſem-
blét aux premieres penſees
qui ne ſont pas ſi meures
que les ſecondes : car il y
peut auoir de la ieuneſſe
aux penſees auſſi bien
qu'aux ans. C'eſt l'ordinaire des naturels qui boüil-
lent d'ardeur, & dont les
deſirs ſont grands enſem-
ble, & pleins d'inquietude
& de violence, de ne meu-
rir point ſi toſt, & qu'ils
n'ayent auparauát paſſé le
midy de leur aage. Il n'en
eſt pas ainſi des eſprits cal-
mes de leur nature, dont
le ſuccez peut eſtre bon en

leur ieuneſſe; comme d'ailleurs s'il ſe trouue aux vieillards vn peu de chaleur &
de viuacité, elle eſt ſans
doute vne excellente diſ-
poſition aux affaires. Les
ieunes ſçauent mieux in-
uenter & executer, que iuger & conſeiller, & ſont
plus propres à propoſer vn
nouueau deſſein, qu'à pa-
racheuer vn faict deſia có-
mencé. Comme l'expe-
rience des vieillards ſert
de modelle & d'adreſſe par
l'exemple des choſes qui
peuuent eſtre aduenuës,
ainſi elle ſe trópe ſouuent

en

en matiere d'euenemens
inopinez & nouueaux. Les
affaires trouuent leur ruine dans les fautes de la ieuneſſe, là où celles des vieillards ne paſſent point ces
deux bornes, *De n'en auoir*
peu expedier d'auantage, ou
plus promptement.

Au maniment & en la
conduitte des choſes, les
ieunes gens en embraſſent
plus d'ordinaire qu'ils n'en
peuuent eſtreindre : D'ailleurs, outre que c'eſt leur
couſtume de ne pouuoir
calmer quand ils veulent
vne affaire qu'ils ont eſ-

meuë auec violence, il leur
aduient encore de voler à
la fin, sans considerer les
degrez & les moyens re-
quis pour y paruenir. Ils
courent apres certaines petites maximes par eux ren-
contrées à tastós, & chan-
tent tousiours vne mesme
note, d'où leur viennent
plusieurs incóueniens, lors
qu'ils y pensent le moins:
Bref au commencement
d'vn faict, ils vsent de remedes extremes, & font
refus par apres de les reco-
gnoistre, ou de s'en desdire. Cependant ils n'adui-

sent pas qu'ils redoublent leur faute par ce moyen, semblables au cheual retif, qui ne veut ny s'arrester, ny retourner sur ses pas.

Au contraire, les hommes aduácez en aage sont excessifs en leurs obiectiós, longs à cósulter, peu hazardeux, & trop própts à se repentir. D'auantage, ils ne conduisent que bien rarement vne affaire à son dernier poinct, & se contentét d'vne mediocrité de succez. Le meilleur que ie trouue en cecy est d'en employer de toutes les deux fortes aux affaires qui se presentent. Cela ne peut estre qu'vtile, tant pour le regard du present, que de l'aduenir, parce que la force d'vn aage supplée au defaut de l'autre, outre que les ieunes apprennent, tandis que les vieux sont comme Acteurs en la Scene; Puis le profit n'en est pas moindre en ce qui touche les accidés exterieurs; à cause que l'authorité suit la vieillesse, comme la faueur & l'applaudissement accópagnent les ieunes gens. Il est vray qu'en ce qui tou-

che la partie Morale, il ſo
peut faire que la ieuneſſe y
excelle, comme la vieilleſſe
en la Politique. Vn certain
Rabin commentant ſur ce
texte : *Vos ieunes gens auront
des viſions, & vos vieillards ne
feront que ſonger*, infere de
ces paroles, que les ieunes
ſont admis plus prés de
Dieu que les vieux, parce
que la viſion eſt vne reue-
lation plus claire que n'eſt
le ſóge. Et de verité moins
l'hóme demeure au mon-
de, & moins il ſ'abbreuue
du poiſon des mondani-
tez. Bref en ce qui depend

des facultez de l'entende-
ment, la vieilleſſe y profi-
te plus qu'en matiere d'affections & de volontez.

De la Beauté.

XXI.

COMME les pierres
precieuſes ſót mieux
enchaſſees, s'il n'y a trop
d'or ou d'eſmail ; ainſi la
vertu a plus de grace en vn
corps moins delicat que
majeſtueux , & dont la
beauté n'a rien de ſi ex-
quis que la veuë en puiſſe

estre charmee. Aussi voit-
on raremét que les personnes belles par excellence
soient douées de grandes
vertus, cóme si la nature se
peinoit plustost à ne faillir
point , qu'à produire vne
chose entierement accom-
plie. Ceux qui se voyent
ornez de ce don, s'estudiét
plustost à certaines genti-
lesses friuoles, qu'à vne solide vertu. Entre les Beau-
tez, le teint vermeil n'a pas
tant de force que l'attraict,
qui neantmoins est con-
trainct de ceder à la grace
du maintien.

Ce dernier eſt la plus noble partie de la Beauté; qui ne peut eſtre exprimee par vn pourtraiĉt, & moins encore par la premiere veuë du naturel. Il eſt preſque impoſſible de voir vne Beauté, quelque excellente qu'elle ſoit, en qui ne ſe trouue du defaut pour le regard des proportions. Tellement qu'on auroit bien de la peine à iuger lequel des deux eſt plus grád railleur, ou Apelle, ou Albert Duret, dont l'vn, à ſçauoir ce dernier, nous a voulu faire vn homme ſelon

lon les proportiõs de Geo-
metrie, & l'autre prendre
ce qu'il trouuoit de plus
beau en plusieurs visages,
& en former vne parfaicte
Beauté.

Pour moy, c'est mon
opinion que telles Peintu-
res ne deuoiét plaire qu'au
Peintre qui les faisoit. Nõ
que ie vueille nier qu'vn
bon ouurier ne puisse re-
presenter vne face qui sur-
monte en beauté les plus
beaux visages qui furent
oncques. Cela peut arri-
uer de cas fortuit, & par vn
certain bon-heur, comme

il aduient quelquefois à
vn grand Muſicien de fai-
re vn air excellent plus par
caprice que par les regles
de ſon art.

S'il eſt vray que la principale partie de la Beauté
conſiſte en la grace du
maintien, il ne ſe faut pas
eſtonner ſi des perſonnes
vn peu ſur-annees en pa-
roiſſent par fois plus ay-
mables ; *Puis que des Beaux
l'Automne en eſt le beau.* Or
laieuneſſe d'aucun ne peut
eſtre bien accomplie, ſi elle-meſme n'eſt miſe en
compte comme vne partie

de la Beauté. Ceste-cy semblable aux fruicts de l'Esté se gaste facilement, & n'est pas de longue duree. Elle rend la plus part du temps les ieunes hommes dissolus, & les vieillards vn peu honteux : Mais si elle rencontre bien, son ordinaire est de faire esclatter la vertu, & rougir le vice.

p ij

De la Laideur.

XXII.

LEs perſonnes laides ſçauent fort bien rendre la pareille à la Nature. Car comme elle ne leur a point fait d'hóneur en les creant diformes, elles ne luy en font non plus, en ſe priuant ordinairement de toute affection naturelle: Tellemét que par ce moyé elles ſe vengent en certaine façon de l'outrage de la Nature.

Il est hors de doute qu'entre l'ame & le corps il se trouue vn consentement mutuel, *Et que la nature ne peut pecher en l'vn, sans courir fortune en l'autre.* Mais d'autant que tous les hommes n'ont pas des esprits susceptibles de l'instruction qu'on leur donne, & qu'il est impossible d'ailleurs de façonner vn corps suiuant le caprice d'vn chacun ; ce n'est pas merueille si les estoilles de l'indignation naturelle sont quelquesfois obscurcies par le soleil de la discipline, & de la

vertu. L'on peut conſide-
rer la laideur, non comme
la ſeule marque la plus ſu-
jecte à tromper, mais pluſtoſt comme vne cauſe qui
ne manque de cet effect
que fort rarement. Le propre defaut que la nature a
mis en l'homme, & d'où
luy peut venir du meſpris,
luy eſt vn perpetuel aiguil-
lon, qui l'incite à ſ'en exem-
pter. C'eſt pourquoy des
perſonnes laides ſont preſque touſiours audacieu-
ſes, tant pour ſe defendre
des brocards qu'on leur
donne, que par vne genc-

rale habitude qu'ils prennent auec le temps.

Dauantage la laideur a
cela de propre , de veiller
fur les defauts d'autruy,
pour payer de femblable
monnoye ceux qui l'atta-
quent. C'eſt elle encore
qui efueille la haine des
fubjects contre les Supe-
rieurs , leur faifant accroi-
re que la deformité les
rend dignes de leur mef-
pris. Elle,dy-ie,qui eſton-
ne fort ceux qui briguans
auec emulation quelque
charge tiennent pour im-
poſſible que telles gens y

paruiennent iamais à cau-
se de leur mauuaise mine,
iusques à ce qu'ils les voyét
en fin esleuez au siege
d'honneur & de dignité.
Ce qui móstre assez qu'vn
bel esprit dans vn corps di-
forme a de l'aduantage
pour s'aggrandir.

Les Roys s'asseuroient
fort anciennement sur les
Eunuques, coustume qui
s'obserue encore à present
en quelques pays. Et de
vray, il y a de l'apparence
que ceux-cy, qui semblent
enuier toute la Commu-
nauté des hommes, se ren-

dent plus officieux & plus
feruiables enuers vn feul.
Mais ie penfe pour moy
que la côfiance qu'ils met-
toient en eux, procedoit
de ce qu'ils les tenoient
pour fideles efpions, pluftoft que pour bons Mini-
ftres & Magiftrats: Ce qui
ne contrarie en rien à la
couftume des perfonnes
difformes que nous auons
prefuppofee n'agueres. Il
faut tenir pour vne maxi-
me infaillible, qu'ayans
tant foit peu de courage,
ils chercheront toufiours
à fe garantir d'vn affront,

chose qu'ils ne peuuent faire que par vne espece de vertu ou de malice ; d'où vient qu'ils sont d'ordinaire, ou meilleurs, ou pires que tous les autres, ou vrayement composez d'vn meslange entre la vertu & le vice, qui est grandement extrauagant.

De la force de la nature en l'homme.

XXIII.

LA nature est souuent cachee, quelquefois surmontee, & fort rare-mét esteinte. La force contre l'impetuosité de la nature, la rend elle-mesme plus violente au retour. Il est vray encore que la doctrine & le discours la font beaucoup moins impor-tune : Mais la seule coustu-me la change & la subiugue. Si quelqu'vn cherche à gaigner la victoire sur sa nature, qu'il se charge d'vn fardeau qui ne soit ny trop grand ny trop petit. Car il est à craindre que faillant plusieurs fois, il ne demeure accablé sous l'vn, & que l'autre ne l'aduāce pas beaucoup, bien que souuent il ne manque point de succez.

Ne trauaillez iamais sans support au commencement d'vne affaire en laquelle vous estes nouueau, imitant les nageurs, qui pour estre plus asseurez, s'aydent ordinairement de vescies, ou de faisseaux de iong. Toutesfois il n'y aura point de mal qu'au bout d'vn temps vous continuiez voftre œuure fans aduantage, faifant comme les Baladins qui portent exprés des fouliers pefans, afin d'en eftre plus difpos à la danfe quand ils les quittent. Car vous deuez fçauoir que fi l'exercice eft plus difficile que la pratique, vne grande perfection f'en enfuit.

L'homme en qui la nature eft puiffante, & la vi-

ctoire difficile par confe-
quent , feroit fort bien de
l'arrefter premierement en
fa courfe, comme qui reci-
teroit l'Alphabet au plus
fort de la violence de fon
courroux;puis de diminuer
en quátité peu à peu , comme fi pour f'abftenir de l'v-
fage du vin ,on fe reduifoit
à ne boire qu'vne fois par
repas, & finalement à f'en
abftenir tout à faict. Que
fi l'homme a la refolution
& la force de fe vaincre
tout d'vn coup en fes ap-
petits, i'aduoüe en tel cas
qu'il n'eft point de meil-

leur expedient, ny de plus
court remede que celuy-là.

L'homme se venge brauement
Des passions de son courage,
Quand il en brise le cordage
Qui le gesne secrettement,
Et lors qu'il retient ou tempere
Les mouuemens de sa cholere.

A quoy ne repugne nul-
lement l'ancienne maxi-
me qui dit, Que la nature,
cóme la baguette, se peut
plier aisémét vers son contraire extreme, & par ainsi
qu'il n'est pas impossible
de la dresser.

Il ne faut pas neantmoins
que l'homme entrepren-

ne de tourner en habitude
vne chofe, à force de la
continuer , fans prendre
haleine, puis que le vray
moyé de s'y remettre auec
plus de vigueur , eft de
prédre vn peu de relafche.
D'ailleurs, fi celuy qui ne
fçait pas bien encore vne
chofe, s'y exerce perpetuel-
lement, il eft certain que
cet exercice luy feruira de
repetition à fon ignoran-
ce auffi toft qu'à fon fçauoir; & qu'ainfi faifant vn
meflange de tous les deux,
il en prendra l'entiere habitude. Tellement que
pour

pour obuier à cela, ie n'y vois point d'autre remede que d'y apporter du relaf-che.

Le naturel de l'homme ne fe peut mieux cognoi-ftre que par fa propre paf-fion; laquelle ne fouffrant rien d'affecté, met en def-ordre tous les preceptes. Il fe remarque encore aux euenemés fortuits, ou aux experiences nouuelles : car c'eft alors que la couftume femble entierement faire banque-route aux hom-mes. Ie n'en trouue point de plus heureux en cecy

que ceux dont le naturel
s'accorde auec leur voca-
tion. Autrement ils peu-
uent bien dire , *Que leur
ame est fort esgaree, & comme estrangere*, quãd ils s'em-
ployent à des choses auf-
quelles ils ne sont nullement portez de nature.

Or comme il n'y a point
de mal que l'homme affi-
gne certaines heures aux
choses qu'il se propose
d'apprendre, il n'est point
besoin auffi qu'il determi-
ne aucun temps à celles où
l'inclination naturelle le
porte ; parce que ses pen-

fées ſy en iront d'elles-meſmes : tellement qu'il luy ſuffira d'y employer le temps ou le loiſir qu'il luy reſte, hors de ſes autres occupations.

De la Couſtume, & de la nourriture.

XXIV.

LEs penſees des hommes ſont la plus-part du téps ſemblables à leurs inclinations naturelles : & leurs diſcours tels que les affections & les opinions

infuſes en eux. Mais quant
à leurs actions elles ſe trouuent conformes aux cou-
ſtumes qu'eux - meſmes
ont priſes. Par ainſi ,com-
me le remarque vn certain
Autheur , bien qu'en vne
inſtance odieuſe, il ne ſe
faut iamais fier tout à faict
à la force de la nature, ny
à la vanité des paroles,ſi
les deux ne ſont fortifiez
par vne puiſſante couſtu-
me : L'exemple qu'allegue
ceſtuy-cy eſt, que lors qu'il
ſ'agiſt d'executer vne dan-
gereuſe coniuration, l'on
ne ſe doit pas tant aſſeurer

sur vn naturel altier & bra-
uache, que sur vn hóme ac-
couſtumé de longue main
au carnage & au sang.
L'empire de la couſtume
eſt si viſible par tout,
qu'on ne s'eſtónera point
s'il y en a pluſieurs qui
apres auoir faiĉt de grandes proteſtations, & enga-
gé leur parole de toutes
parts, n'y penſent non plus
qu'auparauant, si l'on conſidere que telles gens ſont
comme des images mor-
tes, ou des machines, qui
n'ont pour tout mouue-
ment que celuy qui leur

vient des roües de la couftume.

Puis donc que la couftu-
me femble eftre le principal Magiftrat de la vie humaine, les hommes doi-
uent faire tout leur poffi-
ble pour n'en prendre au-
cune qui ne foit bonne &
loüable. Celle qui tient
fon commencement de
l'enfance (qui s'appelle autrement Nourriture, ou
couftume originaire) eft la
plus accomplie, & la plus
parfaicte: Car il eft certain
que ceux qui s'inftruifent
fur le tard, ne prennent pas

vn si bon ply que les au-
tres, hors-mis quelques esprits attrempez & meurs,
qui sont susceptibles de
toutes bonnes disciplines,
& qui vont tousiours de
bien en mieux; chose qui
n'aduient que fort rare-
ment.

Que si la force de la coustume simple & separee se
trouue grande, celle de la
coustume conioincte &
associée l'est encore plus.
La raison en est, parce que
l'exemple instruict, la compagnie conforte, l'emula-
tion rauiue, la gloire am-

plifie, & furhauffe ; de maniere qu'en telles occa-
fions la force de la couftume confifte en la fublimi-
té. Il eft certain que l'accroiffement des vertus ef-
leuees par deffus la nature des hommes entretient
les cómunautez où la dif-
cipline eft bonne & bien
ordonnee. Les Republi-
ques, & les Gouuernemés
legitimes feruent d'entretien à l'augmentation de
la vertu, bien que neant-
moins elles n'en purgent
point les femences. Tout
le mal qui fe trouue en ce-

cy

cy, eſt que les moyens de plus grande efficace ſont appliquez auiourd'huy à certaines fins qui ne meritent pas qu'on ait le moindre deſir pour elles.

De la Fortune.

XXV.

L'ON ne peut nier que les accidens exterieurs n'agiſſent beaucoup à la fortune d'vn chacun; comme pareillement la faueur, enſemble la mort d'autruy ſuruenuë à point, & l'occa-

fion propice à la vertu.
Mais le principal modele
de la fortune se forme en
l'homme mesme : la plus
commune des causes exte-
rieures qu'on allegue là
dessus est, que de la folie
de l'vn s'ensuit d'ordinaire
la fortune de l'autre. Aussi
voyós-nous que tous ceux
qui s'esleuent en vn in-
stant doiuent leur aduan-
cement à la faute d'autruy.
Le serpent ne deuient iamais
dragon, qu'il n'ait mangé son
semblable.

Les vertus apparentes &
remarquees, acquierent à

l'homme de la loüange;
mais il y en a d'autres ca-
chees & secrettes, qui le
mettent en fortune ; Ce
qui consiste en vne certaine industrie à s'inciter soy-
mesme, & à se déuelopper
de misere. Il n'est point de
nom propre qui le puisse
mieux exprimer que le
mot Espagnol *Desenuoltu-*
ra, ou desbrouïllement,
lors qu'en la nature ne se
rencótre ny achoppement
ny repugnance quelcon-
que. Tite-Liue apres auoir
descrit l'Aisné des Catons,
& dict , *Que ce personnage*

estoit doüé d'vne si grande force
de corps & de courage, qu'il
ne pouuoit manquer de fortune
en quelque lieu qu'il nasquist,
adiouste qu'il auoit vn esprit prope à tout. Ce qui
móstre assez que si l'homme sçait bien prendre garde à soy, rien n'empesche-
ra qu'il ne voye la Fortune;
car pour estre aueugle, elle
n'est pas inuisible.

Le chemin de la Fortune
ressemble à la voye de laict
qui paroist au ciel : c'est vn
amas & vn corps de plu-
sieurs petites estoiles, qu'ó
ne voit point separément,

& qui neantmoins ioin-
ctes ensemble rendent as-
sez de clarté. De ceste mesme façon beaucoup de
vertus, plus proprement
appellees coustumes ou
qualitez, se trouuans ioin-
ctes en l'homme, le met-
tent souuent en fortune,
bien qu'elles soient si petites qu'on les puisse à peine
discerner. Les Italiens en
remarquét quelques-vnes,
qui tiennent plus de la verité, que du vray-sembla-
ble. Car quand ils parlent
d'vn homme, qui ne peut
faillir de faire fortune, en-

tre les belles qualitez qu’ils
luy donnent, ils y adiou-
ſtent ceſte derniere pour
comble , *Qu’il eſt vn peu*
Charlatan , ou qu’il ſe meſle
de bouffonner.

Et de verité le monde eſt
auiourd’huy ſi meſchant,
que pour ſ’y aduancer, la
matoiſerie & la ſeule apparence d’homme de bien,
ſont deux qiualitez gran-
dement requſes. De ma-
niere qu’il eſt preſque impoſſible que ceux qui ont
des affections extraordi-
naires au ſeruice de leurs
Seigneurs & de leur pays,

fe puiffent iamais efleuer
ou maintenir aux gran-
deurs. Ie n'en puis alle-
guer d'autre raifon, fi ce
n'eft que celuy dont les
penfees font hors de foy,
ne daigne marcher dãs vn
chemin qui foit à fon ad-
uantage. Or comme vne
fortune precipitee faict deuenir l'homme altier & en-
treprenant, celle qui l'e-
xerce à maintes efpreuues,
auant que l'aggrandir, le
rend du tout accomply.

La Fortune merite qu'on
luy porte de l'honneur &
du refpect, finon pour au-

tre chofe, du moins pour l'amour des filles qu'elle a, qui font, la Confiance, & la Reputation: Car le Bonheur les engendre toutes deux, à fçauoir la premiere dans l'homme, & la feconde en tous les autres à l'endroict de luy mefme.

Les hommes bien-aduifez, pour empefcher que leur vertu ne foit enuiee, ont accouftumé d'attribuer leurs belles actions à la Prouidence & à la Fortune. Ce leur eft vn moyen affeuré pour fy maintenir auec moins d'obftacle, outre que c'est vne espece de grandeur à l'homme de cognoistre que les souueraines puissances ont soin de luy. Aussi voit on d'ordinaire finir miserablemét ceux qui en matiere d'affaires publicques rapportent toutes choses à leur prudence, & à leur propre conduitte. L'on raconte à ce propos qu'vn iour Timothee l'Athenien s'estát mis à rendre compte au peuple de l'administration de sa charge, repeta souuent ces paroles ; *En cecy la Fortune n'eust point de part ;*

& qu'il ne fit iamais au-
cune entreprife depuis,
dont le fuccez luy fut fa-
uorable.

Des Eftudes.

XXVI.

LEs Eftudes feruent à
la Recreation, à l'Or-
nement, & à l'Habilité.
Touchant la Recreation,
leur principal vfage confifte aux heures de retraicte;
quant à l'Ornement, en
l'Art de bien raifonner; &
pour le regard de l'Habili-

té, à sçauoir perfectionner le iugement. Les hommes experimétez sont plus habiles à l'execution , & les Doctes plus propres à iuger & à censurer. I'appelle indiscretion , d'employer trop de temps aux estudes, & affetterie d'en vser auec excez, comme d'vne espece d'ornemét:Mais quand on s'attache entierement à leurs regles, cela sent tout à faict l'escholier & le caprice de pedant.

La Nature se rend accomplie par le moyen des estudes, qui doiuent leur perfection à l'experience. Les hommes du temps les mefprifent, les fimples les admirent, & les Sages les mettent en pratique. Car ils n'enfeignent point le propre vfage d'eux-mefmes, attendu que c'eft vne fcience hors d'eux, & par deffus eux, qui ne s'acquiert que par les obferuations que l'on faict.

Vous deuez cherir la lecture, non auec intention de contredire ou de croire tout ce que vous lifez, mais pour le pefer & le mediter. Il eft des liures, def-

quels il fuffit de goufter;
d'autres qui veulent eftre
deuorez, & quelques-vns
qu'il eft bon de mafcher &
digerer. Ie veux dire par
là, que les vns doiuent eftre
leus en partie, les autres
comme en courât par def-
fus, & les derniers qui font
les plus rares, depuis le
commencement iufques à
la fin, auec l'attention &
la diligence requife. La lecture & la conference font
l'hóme copieux & prompt
en difcours; comme les remarques par luy faictes en
efcriuant le rendent exact'

en ſçauoir. De maniere
qu'vne grande memoire
eſt requiſe à celuy qui eſ-
crit rarement: que ſ'il n'ayme point à conferer auec
les autres, il faut neceſſai-
rement qu'il ait vne gráde
viuacité d'eſprit. Bref, ſ'il
n'a leu que fort peu de liures, il a beſoin d'vn grand
artifice pour paroiſtre ſça-
uant aux matieres qui ſont
hors de ſa cognoiſſance.

L'Hiſtoire rend l'hom-
me ſage, la Poëſie poly, la
Mathematique ſubtil, la
philoſophie naturelle profond, la Morale graue , la

Logique & la Rhetori-
que, propre aux conten-
tions & à la dispute; & ainfi *les eftudes fe tournent en
habitude*. De forte qu'il
n'eft prefque point d'em-
pefchement ny d'obftacle
en l'efprit qu'eux-mefmes
ne puiffent ofter, commes
nous voyons que les exer-
cices agiffent à la guerifon
des maladies , fi l'on en
fçait bien vfer. Ainfi il eft
des ieux qui font bons cō-
tre la pierre, & pour fou-
lager les reins ; comme
l'exercice de l'arc eft vtile
au poulmon, & la pour-

menade profitable à l'esto-
mach, pourueu qu'elle ne
soit excessiue. Doncques,
si l'homme a l'esprit esga-
ré , qu'il estudie aux Ma-
thematiques: si mal pro-
pre aux distinctiós, & aux
differences, qu'il lise les
Scholastiques; si du tout
inhabile à debatre les choses proposees, & à trouuer
des exemples, qu'il ait recours aux Legistes: & ainsi quelque defaut d'esprit
qu'il puisse auoir, il ne
manquera iamais de reme-
de pour le guerir.

Des

Des Ceremonies & Complimens.

XXVII.

D'Excellentes qualités ſont requiſes à celuy qui ne contraint ſon humeur en rien, & qui n'vſe enuers autruy d'aucune ceremonie, comme nous voyons qu'il faut qu'vne pierre ſoit de grand prix, quand on la met en œuure ſans fueille. En ce qui touche la loüange il en aduiét de meſme ordinairement.

ſ.

qu'en matiere de gain ; ce prouerbe eſtant veritable, *Que les petits gains font les bourſes peſantes & groſſes,* parce qu'ils arriuent fou-uent, où les grãds ne vien-nent que rarement. Ainſi l'experiéce fait voir qu'on defere beaucoup de loüá-ge aux petites choſes, par-ce qu'elles ſont touſiours en vſage , ou remarquées d'vn chacun ; mais que l'occaſion de faire eſclat-ter quelque genereux acte de vertu , ne ſe preſente, comme l'on dict, qu'aux iours ſolemnels.

Pour se façonner à la
bien-seance & aux Com-
plimés, il en faut approuuer l'vsage premierement;
puis en prendre le modele
sur autruy, & laisser faire le
reste à la Nature. Autre-
ment, si l'on y apporte de
l'artifice, on leur ostera
toute la grace, qui consiste à n'auoir rien d'affecté.

La conuersation de cer-
taines personnes est cóme
vn vers, où chasque sylla-
be est comptee. Mais se
peut-il faire qu'vn homme
qui se rompt la teste pour
de si petites remarques,

puisse comprédre les cho-
ses grandes? N'vser du tout
point de ceremonies , est
apprédre aux autres à n'en
faire aucunes, & ainsi re-
trancher vne partie du respect. Il est bon neátmoins
de les pratiquer enuers
ceux auec lesquels on n'est
pas beaucoup familier,
principalement si l'on re-
cognoist qu'ils soient d vn
naturel pointilleux.

L'homme qui parle à ses
esgaux , ou à ceux qui le
surpassent en quelque de-
gré de condition, se peut
asseurer qu'ils le traicte-

ront auec toute liberté; par ainſi il fera bien de tenir ſon rang, & de ne ſe prophaner tout à faict. Comme au contraire ſ'il communique auec ſes inferieurs, il ſera bon que par vne eſpece d'entretien familier il recognoiſſe le reſpect qu'ils luy portent.

Celuy-là ſe rend meſpriſable & ennuyeux, qui n'a qu'vn meſme complimét, qu'il reïtere à tout coup, quand il penſe aggréer à quelqu'vn. Il eſt bon neátmoins de ſ'accommoder à l'humeur d'autruy, pour-

ueu que cela se fasse auec
vne demonstration , qui
procede plustost de res-
pect que de facilité.

Bref, quand il est que-
stion de seconder les au-
tres, ie trouue fort à propos d'y adiouster quelque
chose du sien ; comme par
exemple, si vous voulez
consentir à l'opinion d'autruy, faictes-le auec distin-
ction: si suiure son dessein,
que ce soit auec condition:
si approuuer son conseil,
taschez d'y adiouster vne
raison telle que vous iu-
gerez.

Les hommes doiuent
bien prendre garde à ne
paroiſtre trop grands maiſtres de complimens. Au-
trement, quelques ver-
tueux qu'ils ſoient, leurs
enuieux ne manqueront
point de leur mettre en
auant l'attribut de Cere-
monieux, au deſaduanta-
ge de leurs plus grandes
vertus. A quoy i'adiouſte
que de cet excez de reſpect
ſ'enſuit bien ſouuent l'entiere ruine des affaires,
comme encore des trop
curieuſes obſeruatiós qui
ſe font du temps & de l'oc-

cafion. Salomon dict à ce
propos, *Que celuy qui remarque d'où vient le vent ne
femera pas, & que l'homme
qui prend garde aux nuages,
ne moiffonnera point.* Auffi
eft il vray que le Sage faict
naiftre plus d'occafions
qu'il n'en trouue.

Des

Des Requestes, & des Supplians.

XXVIII.

L'O N entreprend plu-
sieurs affaires, bonnes
& mauuaises, auec vne si-
nistre intetion. Quelques-
vns admettent des reque-
stes, sans dessein de les respondre iamais , iusqu'à
ce que s'aduisans qu'en
l'affaire dont il est question, il y peut auoir de la
brigue d'ailleurs , ils s'en
acquittent à la legere, soit

pour en tirer vn remerci-
ment, ou quelque recom-
penfe fous main, ou du
moins pour f'ayder cepen-
dant de l'efperance des
Supplians.

Il y en a d'autres qui ne
reçoiuent les requeftes
qu'auec deffein d'en met-
tre en peine plufieurs, ou
de faire de nouuelles in-
formatiós fur le faict dont
il f'agift, f'aydans de cefte
occafion, parce qu'il ne
f'en prefente point de
meilleure; fans fe foucier
non plus qu'auparauant
de ce que la requefte de-

uient, pourueu qu'ils puiſ-
ſent voir vne fin à leurs
pretenſions. Ceux-cy ne
ſont gueres meilleurs que
les autres,qui prennent les
requeſtes auec vne entie-
re reſolution de les laiſſer
cheoir , afin de fauoriſer
la partie aduerſe.

En quelque requeſte
qu'on puiſſe faire , ſi c'eſt
en matiere de controuer-
ſe , il y a ſans doute quelque raiſon interne ou de
iuſtice ou d'equité,ou bien
de merite , ſi elle tend à demander vne grace. Si l affection oblige l'homme à

fauorifer la partie qui a moins de raifon en Iuftice, que pour efpargner fon honneur, il tafche pluftoft d'accómoder l'affaire que d'en prendre la charge entiere. Que fi cefte mefme affection l'induit à gratifier quelqu'vn qui n'en foit pas fi digne qu'vn autre, qu'il le faffe difcretement, & fans deroger en rien à la valeur de la partie qui a plus de merite. Au refte quand on a prefenté à l'homme quelque requefte qu'il n'entend pas, il eft bon qu'il fen remette au

iugemét d'vn amy qui luy
foit affidé, afin d'apprendre de luy s'il en peut trai-
ter auec honneur.

Les Supplians font fi dé-
gouſtez des remiſes & des
abus qu'ils voyent prati-
quer tous les iours, qu'au
lieu de les amuſer, il n'eſt
rien meilleur ny plus honnorable, que de les eſcon-
duire d'abord, s'il en eſt befoin, ou de leur dire libre-
ment en quel eſtat font
leurs affaires, & ce qui en
eſt arriué, fans en pretendre plus gráde recognoiſ-
fance que celle des falai-

res adiugez.

En matiere de requeſtes de faueur, c'eſt vn fort petit aduantage que de preuenir les autres. L'on doit neátmoins auoir tant d'eſgard à la confiance du Suppliant, que ſi l'on ne peut tirer cognoiſſance du faict autremét que parſó moyé, l'on ſe deſiſte de ſe ſeruir de l'aduis, au preiudice de luy-meſme, veu qu'en tel cas le meilleur ſera de l'appliquer à d'autres moyens.

Comme de tenir pour indifferent que la requeſte qu'on faict ſoit iniuſte ou

non, tefmoigne qu'on má-
que de confcience ; ainfi
c'eft fimplicité de ne fçauoir la valeur de la grace
qu'on nous demande.

Il n'eft point de meilleur
moyen pour auoir expedi-
tion de ce qu'on pretend,
que d'eftre fecret en fes affaires. Car s'aller vanter
qu'elles font bien acheminees, comme c'eft vne chofe capable de retenir quelques concurrens, & les empefcher de paffer outre, elle en peut auffi fufciter
plufieurs autres.

Pour courir moins de

fortune d'eftre efconduit
d'vne requefte, il faut fçauoir prendre l'occafion &
le temps. I'vfe icy du mot
d'occafion, ou d'opportu-
nité, tát pourle regard de la
perfóne qui doit octroyer
la grace, que de ceux aufquels fe remarque quel-
que apparence de la pou-
uoir empefcher. Quant à
l'election du moyen con-
uenable, il vaut mieux
choifir le plus commode
que le plus grand; & fe feruir d'hommes qui ne fe
meflent que d'affaires particulieres, pluftoft que de

ceux qui se font arbitres de toutes choses. L'on tire quelquefois autāt de profit d'estre refusé, que d'obtenir d'abord ce qu'on desire d'auoir; pouruei neātmoins que l'on n'ait monstré d'en receuoir vn secret mescontentement.

Il n'appartient qu'à des hommes grandement fauorisez, *de demander vne chose iniuste, pour en soustenir vne qui soit equitable.* Autremét il sera beaucoup meilleur d'accroistre pluftost les demádes. Car il y a de l'apparence que celuy qui du có-

mencement a voulu cou-
rir fortune de perdre l'affection du Suppliant, pren-
dra garde en fin à ne se pri-
uer ensemble de l'amitié
de luy-mesme, & de la grace qu'on luy aura premie-
remet accordée. L'on tient
qu'il n'est rien si facile à
demáder à vn grand qu'v-
ne sienne lettre; & neantmoins il est veritable que
toutes les fois qu'il met la
main à la plume pour vn
iniuste sujet, il faict autant
d'offences à son honneur.

De la suitte des Grands, & de leurs amis.

XXIX.

IE ne trouue nullement à propos d'auoir vne suitte qui soit excessiue en despése, de peur que pour allonger la queuë on ne soit contrainct de couper des aisles. I'entends par les trop grands despensiers, non seulemét les sangsuës de la bourse, mais ceux encore qui sont importuns à demander des dons & des graces.

Les Courtisans ordinaires ne doiuent pretendre pour tout comble de recompense, qu'vn appuy de faueur, de recommandation, & de protection contre vne offéce. Les factieux donnent encore moins de sujet de se faire aimer, puis que ce n'est pas vne veritable affection qui les conduit à courtiser ceux que bon leur semble, ains plustost vne inimitié cogneuë contre quelque autre; d'où naist bien souuent la mauuaise intelligéce que nous voyons entre les grands

Seigneurs. Quant à ceux
qui ont ie ne fçay quoy
d'altier & de rogue, outre
qu'ils feruent de matiere
& d'alimés à plufieurs def-
ordres , ils ruinent l'eftat
des affaires à faute d'eftre
fecrets, & changent l'honneur de leur Maiftre en autant d'enuie & de haine
par leurs mauuaifes prati-
ques.

Or l'on a toufiours pris
en bonne part , dans les
Monarchies mefme, & te-
nu pour ciuilite d'eftre fui-
uy de perfonnes qui foient
de la mefme profefsió que

celuy qui eſt courtiſé:com-
me par exemple il eſt bien-
ſeant à vn Chef qui a com-
mandé, d'auoir à ſa ſuitte
des hommes qui ſ'enten-
dent au faict des armes,
pourueu que la vaine mó-
ſtre en ſoit dehors, & pareillement le ſoupçon de
ſe rendre trop populaire.
Mais la plus honnorable
cauſe de ſe faire courtiſer,
eſt celle qui a pour object
vn deſir d'aduancer toutes
ſortes de perſonnes à l'eſ-
gal de leur merite, & de
leur vertu. Ce nonobſtant
où la difference n'eſt pas

grande en matiere d'ad-
dreſſe & d'habilité , le
meilleur eſt de ſe jetter
dans le party dont le merite n'eſt pas ſi grand & duquel on attend plus de ſa-
tisfaction.

En matiere de gouuer-
nement, il eſt bon de ſe
porter auec eſgalité enuers
ceux de meſme condition.
Car d'en preferer extraor-
dinairement quelqu'vn,
c'eſt le rendre inſolent, &
dégouſter tous les autres,
qui peuuent pretendre à la
iuſtice diſtributiue : mais
en ce qui touche la faueur,

il eſt bon d'y proceder
auec plus de choix & de
difference. Quand on ſ'y
gouuerne de la ſorte, les
perſónes preferees en ſont
trouuees plus agreables, &
les autres plus officieuſes,
veu que toutes choſes de-
pendent de la faueur. Au
commécement d'vne affai-
re il eſt touſiours bon de
n'vſer d'exceſſiues careſſes
enuers autruy, parce que
l'homme ne peut par apres
garder la meſme propor-
tion.

Comme ie trouue mau-
uais de ne prédre que l'ad-

uis

uis d'vn feul, & encore pire de fe laiffer diftraire à
plufieurs, il me femble que
c'eft vne chofe toufiours
honnorable de n'entre-
prendre rien que par le
confeil de quelques amis.
La raifon en eft, parce
qu'il aduient fouuent que
l'homme qui regarde des
joüeurs, voit mieux leurs
fautes qu'eux mefmes, tout
ainfi que des baffes valées
on defcouure plus aifé-
ment les hautes montai-
gnes. Il fe treuue peu d'a-
mitié dans le monde, &
encore moins entre les ef-

gaux. L'on a beau sçauoir
que l'affection reciproque
est vne chose excellente.
Ce peu qu'il y en a parmy
les hommes ne paroist
qu'entre le seruiteur & le
maistre, quand la fortune
de l'vn peut comprendre
celle de l'autre.

De la Negociation.

XXX.

EN matiere d'affaires, il est tousiours meilleur d'en traicter de viue voix que par escrit, & par entre-metteurs plustost qu'en personne. Les lettres sont bonnes, lors qu'on pretend d'en tirer responfe, & d'en produire la coppie pour se iustifier d'vn faict, ou quand il est à craindre que l'affaire mise en deli-beration ne soit interrom-

puë, & qu'on y donne au-
diance que de temps en
temps.

Il n'y a point de mal d'en
communiquer en perſon-
ne, principalement quand
la preſence de celuy qui
parle peut engendrer du
reſpect, comme il aduient
d'ordinaire entre les ſu-
jets, ou en d'autres cas cha-
toüilleux, & qui meritent
qu'on y prenne bien gar-
de ; afin que l'œil attaché
ſur l'action de celuy qu'on
entretient, ſe puiſſe inſtrui-
re en certaine façon , &
prendre ſon temps à paſſer

outre, ou à s'arrester tout court. Bref, ie trouue fort à propos d'y proceder de la sorte toutes les fois que l'homme se veut reseruer la liberté, ou de se declarer, ou de se desdire.

Pour le regard des entremetteurs, le meilleur est d'en prendre qui aillent le grand chemin, & qui ne soient pas si rusez. Car il y a de l'apparéce que ceux-cy s'acquitteront de leur commission, & qu'ils ne manqueront iamais d'en rapporter fidelement le succez: Comme au con-

traire les esprits trop des-
liez ont accoustumé d'vser
d'artifice à tirer la quintes-
sence des affaires d'autruy,
afin de se mettre en credit
eux mesme, & d'adiouster
à la lettre pour mieux
agréer à ceux ausquels ils
rendent compte de leur
negociation.

Ie trouue qu'il est meil-
leur de sonder de loing celuy auec lequel on doit
traitter d'vne affaire que
d'en venir au fonds tout à
coup; si de cas fortuit vous
ne pretédez de le conuain-
cre par quelque demande

succincte & inesperee. Il
me semble encore plus à
propos de s'embarquer
aux affaires auec des hommes dont les volontez y
semblét estre acheminees,
que de les entreprendre
auec ceux qui en sçauent
desia tous les destours.

Quand il est question
de venir auec quelqu'vn
aux conuentions & aux ar-
ticles requis, tout le principal s'appuye sur celuy
qui doit faire le premier
pas en l'execution : chose
qu'on ne peut raisonna-
blement demander à vn

autre , fi elle n'eſt en tel
eſtat qu'elle doiue gaigner
le deuant , ou ſi l'on ne luy
perſuade d'eſtre tenu pour
le plus homme de bien , &
qu'il ſe pourra preſenter
quelque autre occaſion en
laquelle on aura beſoin de
luy-meſme : ce qui eſt vn
artifice qui ſe pratique ordinairement, ou pour ſon-
der les hommes , ou pour
en tirer ce que l'on deſire.
Car alors ils ſe deſcouurét
eux-meſmes ſans deffiáce,
ou par vn excez de paſ-
ſion , ou au deſpourueu,
ou par vne eſpece de neceſ-

sité, quand ils ont enuie
que quelque chose se face,
pour l'executió de laquelle ils manquent de vrays
pretextes.

Celuy qui desire plier vn
autre à sa volonté, doit
premierement recognoi-
stre son naturel ou son inclination, & ainsi le me-
ner comme bon luy sem-
ble; ou ses pretensions, &
ainsi luy persuader ce qu'il
veut; ou son impuissance,
& ainsi le tenir en arrest;
ou ceux qui ont de l'empire sur luy, & ainsi regler les
mouuemés de ses actions.

X

Quand on traitte auec des hommes artificieux, il est tousiours bon d'expliquer leurs paroles par leurs intentions, & de les entretenir succinctement sur les choses ausquelles ils s'attendent le moins.

De la Loüange.

XXXI.

I'Appelle la loüange, la reflexion de la vertu, qui est telle ordinairemét que le corps ou le miroir d'où vient ceste mesme refle-

xion. Si elle part de la bouche du vil populaire, elle
est presque tousiours fauffe ou maligne, & suit les
personnes vaines pluftoft
que les gens de bien. La
raison en est, parce que le
commun est aueugle en
l'intelligence de la plus
grande partie des excellentes vertus : comme au contraire il loüe les moins
loüables, & les mediocres
luy font autant de sujets
d'admiration : Mais il est
certain qu'il n'a iamais ny
cognoiffance, ny sentimét
des plus releuees, ne faifant

estat que des apparences,
& des especes qui tiennent
de l'air des vertus. Ie ne
puis mieux comparer la
loüange qu'à vne grosse ri-
uiere, sur laquelle on voit
ordinairement flotter les
choses legeres, & les pe-
santes couler à fonds.

Mais si les loüanges des
gens de bien & de qualité,
se rencôtrent ensemble a-
uec celles du menu peuple,
i'aduouë qu'en tel cas se
verifiét ces paroles de l'Es-
criture, à sçauoir, *Qu'vne*
bonne reputation st omme vn
onguent de senteur, parce

qu'elle s'efpand de toutes parts, & ne fe perd que bien difficilement ; eſtant veritable que les odeurs des onguents font de plus longue durée que celles des fleurs.

Il y a tant de faux poincts en la loüange; que ce n'eſt pas fans raiſon ſi on la tiét pour fufpecte le plus fou-uent. Il eſt des loüanges qui n'ont point d'autre fource que la flatterie. Si le flateur ne ſçait pas bien fon meſtier, vous remar-querez en luy qu'il vſera fans ceffe de meſmes attri-

buts pour loüer indiffe-
remment toutes sortes de
gens : au contraire s'il y
excelle, il suiura tousiours
le Prince de la flatterie, qui
est l'homme mesme , &
ne manquera de loüer
en luy les choses qu'il co-
gnoistra luy estre plus
agreables, & le chatoüiller
dauantage. Mais s'il est ef-
fronté tout à faict, quelques imperfections que
puisse auoir celuy qu'il flat-
te, il les tournera toutes en
loüanges, & côtre sa con-
science, il luy donnera des
attributs sur les defauts

qui le rendent confus &
honteux.

I'adioufte à cecy qu'il y a
des loüanges qui procedét
d'vne maniere derefpect &
de bien-vueillance, & qu'il
n'appartient qu'aux Roys
& aux grands hommes *de*
commander en loüant , lors
que reprefentant à leurs
fubjets qu'ils font tels, ils
leur remonftrent quels ils
doiuent eftre. Quelques-
vns font loüez malicieufe-
mét & à leur propre dom-
mage , afin d'attifer contre eux par ce moyen vn
feu de jaloufie & d'enuie:

Tellement *qu'entre toutes les sortes d'ennemis, il n'en est point de pires que ceux qui loüent.* La meilleure espece de loüange est celle qui n'est point commune, & qui se donne quand il en est temps, auec la mediocrité requise. Salomó dict à ce propos, *Que celuy faict mal qui loüe son ennemy tout haut & hors de saison, si bien que telle loüange luy tiendra lieu de malediction.* Aussi est-il veritable qu'vn excez de louange donné à l'homme, ou à quelque autre chose que ce soit, est vne

matiere aux diuifiós, d'où
f'enfuiuent ordinairement
les affronts & les jaloufies.

Des Iugemens.

XXXII.

IL faut que les Iuges fe
repreſentent que c'eſt le
deuoir de leur charge d'expliquer les loix, & non pas
d'en faire de nouuelles.
Eux-meſmes doiuent eſtre
plus doctes qu'ingenieux;
plus venerables que popu-
laires, & plus aduiſez que
prompts & hardis : mais

fur tout l'integrité de vie eſt la vertu qui leur conuient proprement. *L'hom-me*, dict la Loy, *qui oſte les bornes d'vne terre eſt maudit, & digne de blaſme, ſ'il les tranſporte ailleurs malicieuſement & contre ſa conſcience.*

Cela ſe peut dire du Iuge qui donne des ſentences iniuſtes au preiudice des poſſeſſions & des biens d'autruy. Tels arreſts ſont beaucoup plus dómageables que pluſieurs mauuais exemples ; parce que ces derniers ne font que trou-

bler le courant de l'eau, où
ces autres gaſtent la fontaine entiere. Salomon le
teſmoigne aſſez quand il
dict, *Que le Iuſte qui perd ſa
cauſe deuant ſon aduerſ. partie
eſt vne fontaine troublee, &
vne ſourĉe corrompüe.*

Il y peut auoir relation
de l'office du Iuge aux parties qui plaident, enſem-
ble aux Aduocats, aux
Greffiers, & à tels autres
Officiers de Iuſtice, qui
ſont ſubalternes au Iuge
ſuſdit, & au Souuerain ou
à l'Eſtat qui a de la iuriſdi-
ction ſur luy-meſme. *Il eſt*

des perſonnes, diſt l'Eſcriture, *qui conuertiſſent vn Iugement en abſinthe;* & d'aꞗtres
encore qui le tranſmuent
en vinaigre, parceque l'In-
iuſtice le rend amer, & le
Delay l'aigrit.

Le deuoir principal d'vn
Iuge, eſt de ſupprimer la
force & la tromperie;dont
l'vne eſt pernicieuſe, quád
elle ſe manifeſte ; & l'autre d'autant plus à craindre qu'elle paroiſt moins,
& ſe deſguiſe dauantage.
A quoy ſe rapportent les
chiquaneries, ou les pro-
cez contentieux, leſquels

comme viandes mal dige-
rees doiuent eftre rejettez
du fiege de Iuftice.

Le Iuge eft obligé de fe
frayer vn chemin pour iu-
ger equitablement,à l'imitation de Dieu, qui fe pre-
pare vne voye, hauffant les
valees, & applaniffant les
montaignes. Ie veux dire
par là que fi de quelque co-
fté que ce foit, les forces
paroiffent grádes,les pour-
fuittes violantes, les artifices aduantageux, les bri-
gues puiffantes, & les Aduocats bien inftruicts;c'eft
alors qu'on peut remar-

quer la vertu d'vn Iuge à
rendre efgale l'inefgalité,
pour pouuoir par apres
fans obftacle & pleinemét
prononcer l'Arreft.

Le prouerbe qui dict,
*Qu'a force de fe moucher l'on
faict fortir le fang*, & que le
vin deuient aigre, quand
le preffoir tire trop de li-
queur du raifin, apprend
aux Iuges à fuir les inter-
pretations rigoureufes, &
les confequences forcees;
puis qu'il n'eft point de pire gefne que de violenter
les loix, principalement
celles où il f'agift de la pei-

ne. Ils doiuent eftre foigneux de ne tourner à feuerité, ce qui ne tend qu'à terreur, & de n'attirer fur le peuple cefte pluye dont parle le facré Texte, difant *Que des lacz pleuuront deffus eux*; attendu que les loix qu'on nomme *Penales* executees à la rigueur font comme autant de pluyes de lacz fur le peuple.

En matieres criminelles les Iuges fe doiuent propofer la clemence, autant que les loix le peuuent permettre, & tenir l'œil de feuerité fur l'exemple; mais

regarder auec compaſſion
la perſonne. La patience
& la grauité ſont les parties eſſentielles du Iuge,
que ie compare à vn in-
ſtrument de Muſique mal
accordé, ſ'il a trop de babil & d'effronterie.

Ie ne puis appeller dex-
terité en vn Iuge de preuenir de ſoy-meſme ce qu'il
peut apprendre en temps
& lieu par la bouche des
Aduocats. Ie n'approuue
non plus que pour faire
monſtre de la ſubtilité de
ſon bel eſprit, il luy aduien-
ne d'interrompre les plai-
doyers

doyers des Aduocats fuf-
dits, & l'examen des tef-
moins, ou de deuancer
l'information, par vne in-
finité de demandes, bien
que faictes à propos.

Les principales parties
du Iuge font quatre, la
premiere, de mettre les
preuues en eftat. La fe-
conde, de moderer les
trop longs difcours, les redittes, & les paroles im-
pertinentes La troifiefme,
de faire vne reprife, vne ef-
lite, & vne conference des
poincts plus importás qui
ont efté mis en auant: Et la

quatriefme, de prononcer
l'arreft ou la fentence là
deffus. Tout ce qui paffe
au delà de ces bornes n'eft
rien que fuperfluité, qui
procede ou d'vne efpece
de vaine gloire, ou d'vn
trop grand defir de parler,
ou de l'impatience qu'on a
de fe faire ouyr, ou d'vne
foibleffe de memoire, ou
d'vn defaut d'attention
bien reglee.

C'eft vne chofe merueil-
leufe de voir que l'auda-
cieufe cajollerie des Aduocats gaigne quelque-fois
le deffus à l'authorité des

Iuges, lefquels à l'imitation de Dieu, au fiege duquel ils font affis, deuroiét
pluftoft raualler les or-
gueilleux, & faire grace
aux humbles. Mais c'eft
bien encore vn faict plus
eftrange de dire que l'vfage du temps permette aux
Iuges de fauorifer en particulier quelques Aduo-
cats de leur cognoiffance;
d'où il faut de neceffité que
f'enfuiue vn accroiffement
de falaire, & vn foupçon
apparent de n'aller pas le
grand chemin.

Le Iuge doit fauorifer

de parole les Aduocats
qui ont bien fceu debattre
vn faict, & s'y comporter
auec difcretion, principalement ceux de la partie
qui a perdu fon procez: car
c'eft la chofe du monde
qui maintient le mieux la
reputation d'vn Aduocat
enuers fon Client, & qui
rauale l'opinion de fa caufe.

Il faut encore que pour
le bien du public le Iuge
fe monftre difcret à re-
prendre les Aduocats, f'il
defcouure en eux vn mali-
cieux confeil, vne manife-

fte nonchalance, vne in-
formation telle quelle, v-
ne indiſcrette importuni-
té, ou finalement vne trop
audacieuſe defence.

Or d'autant que le lieu
de la Iuſtice eſt ſacré, il
faut conſeruer ſans ſcan-
dale & ſans corruption
non ſeulement le ſiege où
elle ſe tient, mais ſon mar-
che-pied meſme , & tou-
tes ſes bornes & depen-
dances. Car comme les
raiſins ne viennent point
des eſpines, ny des poti-
rons, ainſi c'eſt vne choſe impoſſible que la Iu-

ſtice puiſſe produire vn
fruict ſauoureux parmy les
eſpines & les buiſſons des
Officiers qui en prennent
à toutes mains.

Les ſieges de Iuſtice ſe
trouuent ſujets d'ordinaire à quatre meſchans in-
ſtruments. Les premiers
ſont certains chiquaneurs,
ou faiſeurs de procez, qui
font groſſir les parquets,
& amaigrir les pauures
parties. Les ſeconds, ceux
qui ſemãs la diuiſion dans
les iuriſdictions, les ani-
ment l'vne contre l'autre;
& leſquels, à parler pro-

prement, font pluftoft les
efcornifleurs, que *les amis de
la Cour*, la tranfportans au
delà des bornes requifes,
afin d'en tirer cependant
des aduantages & des ad-
uances. L'on met au troi-
fiefme rang ceux qui meri-
tent d'eftre eftimez les bras
gauches des fieges de Iu-
ftice, comme pleins qu'ils
font de pernicieux artifices, par le moyen defquels
ils peruertiffent la vraye
route qu'il faut tenir, tirás
l'equité dans certaines li-
gnes obliques, & en des
labirinthes cófus. La qua-

trieſme eſpece eſt de ces
autres qu'on nomme exa-
cteurs de ſalaires, qui ve-
rifient la reſſemblance có-
mune qu'il y a entre les
Cours de Iuſtice, & les
cabanes ſous leſquelles les
pauures brebis ſont deſ-
pouïllees de leur laine,
quand elles ſ'y penſent
mettre à couuert en temps
d'orage & de pluye.

Or ie trouue pour moy
qu'vn Greffier qui ſçait
bien tenir vn regiſtre, &
dont la prudence en ſes
procedures ſe ioint à l'intelligence qu'il a des affaires

res d'vne Iurifdiction, eſt
vn excellét doigt à la Cour,
qui monſtre la plus-part
du temps au Iuge le che-
min qu'il luy faut tenir.

Bref les Iuges doiuent
ſur toutes choſes ſe ſouue-
nir de ceſte concluſion des
douze Tables Romaines,
Que le ſalut du peuple eſt la ſou-
ueraine Loy. Où il faut qu'il
ſçache encore que ſi les
Loix ne s'adreſſent à ceſte
fin, elles ne ſont qu'autant
de lacz & d'oracles mal in-
ſpirez. C'eſt ce qui me faict
dire, que bien-heureux eſt
l'Eſtat dans lequel le Prin-

ce ou les Seigneurs entrent
souuent en consultation
auec les Iuges, & où ceux-
cy ne font rien sans l'aduis
du Prince & des Seigneurs,
soit qu'en matiere d'affaires d Estat il s'agisse de la
decision de quelque Loy,
ou qu'il y ait vn meslange
de l'vn & de l'autre. Car il
se peut faire bien souuent
qu'en la chose dont il est
question en iugemét, mon
propre bien & celuy de
mon prochain y courent
fortune, quand la cause,
ou la consequence d'icelle
se peut auoisiner d'vne

matiere d'Estat. Où il faut
remarquer que i'appelle
matiere d Estat, non seulement les parties de la souueraineté: mais toute au-
tre chose capable d'intro-
duire vne importante re-
uolution, ou quelque dan-
gereux exemple, ou qui
touche manifestement la
plus-part du peuple.

Or il ne faut pas que par
vn defaut de iugement, aucun s'imagine qu'il y ait
quelque antipatie entre les
Loix qui sont iustes, & la
vraye science Politique,
tous les deux estans sem-

blables aux esprits qui ont leurs mouuemens les vns dans les autres. Les Iuges ne doiuét estre si despour-ueus de raison , de penser que ce ne soit vne partie comme principale de leur charge, d'vser des loix auec la prudence requise, & de les bien appliquer. Qu'ils se resouuiennét donc que S. Paul parlant d'vne Loy plus importante que n'est celle qui vient d'eux: *Nous sçauons,* dict-il, *que la loy n'est point mauuaise de soy, pourueu que l'vsage en soit legitime.*

De la vaine gloire.

XXXIII.

IE trouue fort belle ceste inuention d'Esope. *Vne mouche estant sur l'essieu de la roüe d'un chariot, O que de poußiere ie leue,* disoit-elle. Ceste fable nous apprend qu'il est des hommes si vains, de se persuader qu'ils donnent le bransle à tout ce qui va de soy-mesme, ou qui tient son mouuement de quelque autre cause plus forte. Il faut de necef-

fité que les courages altiers
foient enfemble factieux
& violans, tant pour s'ef-
galer aux plus braués, qu'a-
fin de fe maintenir en leur
vanité. Auffi l'ordinaire
de telles gens, eft d'auoir
plus de parole que d'effet,
ou cóme dict noftre Pro-
uerbe, *Beaucoup de bruict, &
peu de fruict.* Et toutesfois
cefte qualité femble feruir
en quelque façon en ma-
tiere d'affaires ciuiles, veu
qu'il n'eft point de meilleurs trompettes que ceux-
cy, quand on veut faire
naiftre ou publier de tou-

tes parts vn bruit de grandeur ou de vertu.

D'ailleurs, plusieurs gráds
effects s'ensuiuent souuent
des bourdes qui sont reci-
proques, ainsi que l'a remarqué Tite-Liue parlant
d'Antiochus & des Etho-
liens; Comme par exem-
ple, si quelqu'vn ayant à
traitter d'vne affaire auec
deux personnes, leur fai-
soit entendre separément
d'auoir plus de pouuoir &
de credit qu'il n'en auroit
en effect. Toutesfois l'experience nous appréd que
telles ou semblables occa-

fions ne produifent la plus
part du tempsque des cho-
fes, dont le meilleur n'en
vaut rien. Il ne faut quelquesfois qu'vne bourde
pour engédrer l'opinion,
laquelle introduit la chofe
mefine, & la met en creance. Certes , l'on ne peut
nier qu'vn naturel enclin
à la vaine gloire ne mette
en vigueur vne affaire,
principalement és occur-
rences, où les entreprifes,
les defpenfes, & les fortu-
nes fe trouuent grandes.
Au côtraire ceux qui font
d'vn temperament gra-

ue & solide, ont plus d'at-
trempance que de vogue.

La vaine gloire aide fort
à rendre vne memoire im-
mortelle, & la vertu n'a iamais eu ceste obligation à
la race des hommes, de receuoir d'autruy la reco-
gnoissance qui luy appar-
tient dignement, que lors
qu'entre les Vertueux il
s'est trouué de l'emula-
tion: Et possible que la renommee de Ciceron, de
Seneque, & de Pline secód
n'auroit point resisté si
long temps à la reuolution
des annees, si elle ne se fust

iointe à quelque eſpece de
vaine gloire, & à la bonne
opinion que ces grands
hommes auoient d'eux-
meſmes. Sur quoy nous
pouuons dire fort à pro-
pos, que la gloire reſſemble au vernis, lequel a cela
de propre de faire reluire
enſemble & durer les ma-
tieres où la main du Peintre l'applique.

Or ie ne parle point icy
de ceſte eſpece de vaine
gloire, que Tacite attribuë
à Mutian, quand il dict,
*Qu'il auoit certains artifices
pour donner de l'eſclat à ſes*

actions, & faire monstre de
tout ce qu'il disoit. I'entends
pluftoft par la gloire vne
emulation exempte de va-
nité : laquelle naiffant d'v-
ne difcretion & grandeur
de courage naturelle à certaines perfonnes , ioinct
en elles la bien-feance à la
grace. Entre les compli-
més, la modeftie bien mef-
nagee, les fubmiffions, &
les honneftes excufes font
d'excellents artifices pour
s'acquerir de la gloire. Mais
ie n'en trouue point de
meilleur que celuy dont
parle Pline fecond , à fça-

uoir qu'il eſt bon de paroiſtre liberal à loüer autruy
ſur les choſes auſquelles
nous-meſmes auons part.
Quand vous voudrez, dict-il,
deferer à vn autre quelque
loüange, il faut que vous re-
marquiez que tel homme vous
eſt ou ſuperieur ou inferieur en
la loüange que vous luy dõnez.
Or s'il ſe trouue que vous eſtant
inferieur, il merite d'eſtre loüé,
il s'enſuit que vous le meritez
encore mieux que luy. Comme
au contraire s'il vous eſt ſuperieur, & par conſequent indi-
gne de ceſte loüange, elle vous
eſt encore moins deüe.

De la grandeur des Royaumes.

XXXIV.

LE dire de Themisto-
cles fut vn peu trop al-
tier, en ce qu'il l'attribuoit
à soy-mesme, & vtile quát
à son obseruation, lors
qu'estant prié de iouër du
luth en vn certain báquet,
Ie ne me cognois point à cela,
respondit-il, *mais ie sçay
bien par quel artifice d'vne petite terre il y a moyen d'en faire vne grande ville.* Ceste

repartie fut vrayement in-
ciuile, parce qu'il la fit en
vn temps auquel il eftoit
queftion de fe refiouïr, &
non pas de f'entretenir de
deuis ferieux : Il n'eft iamais bien-feant à l'hom-
me de parler ainfi de foy-
mefme. Ce qui n'empef-
che pas que cet exemple
ne fe puiffe fort bien appliquer. Car en matiere de
Politiques, il aduient, bien
que rarement, qu'il eft des
hômes qui fçauent mieux
aggrandir vn Eftat, que
f'amufer aux inftrumens
de mufique. Au contraire,

il y en a d'autres, qui tous grands Muſiciens qu'ils ſont, n'apprennent de leur art qu'à mettre vn Eſtat floriſſant en decadence & en ruine.

Auſſi pour en dire le vray, tous ces Arts illegitimes & vains, par le moyen deſ-quels pluſieurs Politiques & Gouuerneurs ſe met-tét en creance prés de leurs Maiſtres, & ſe font admi-rer du vulgaire, ne meri-tent point d'eſtre appellez autrement qu'artifices de Baladins, ou de ioüeurs d'inſtrumés. Ces Meſſieurs

ne peuuét mieux eſtre quali-
fiez, ſ'ils ne ioignét quelque choſe à la force, au
bien, & à la grandeur des
Eſtats qu'ils gouuernent.

L'eſtenduë d'vn Eſtat ſe
peut cognoiſtre par les
meſures, ſon reuenu par
les comptes, ſes habitans
par les môntres, le denom-
brement de ſes villes & de
ſes terres par le moyen des
cartes. Ce nonobſtant il
n'eſt rien ſi difficile en toutes les affaires ciuiles, ny
rien où l'eſprit ſe trompe
pluſtoſt, qu'à bien calcu-
ler la grandeur d'vn Eſtat.

Cela

Cela me faict dire qu'il y a
de la reſſemblance entre le
Royaume du Ciel, & les
Eſtats de la terre. LE Royaume du Ciel eſt comparé à
vn grain de mouſtarde, lequel tout petit qu'il eſt, ne
laiſſe pas d'auoir ceſte qualité de ſe multiplier & de
croiſtre ſoudainemét. Ainſi entre les Eſtats, les vns,
bien que de large eſtéduë,
ne ſont nullement propres
à conqueſter, & les autres
en leur petiteſſe eſleuent
leurs fondemens iuſques à
la Monarchie.

Les terres bien fortifiees,

les Arſenaux , les places
pleines de munitions de
guerre & de viures, les magnifiques eſcuries , ou ſi
vous voulez les Elephans,
les gráds threſors, les puiſ-
ſantes armees, & les forces
de l'artillerie, ne ſót qu'autant de brebis veſtuës de la
peau d'vn lyon, ſi le peuple
n'eſt aguerry. Tout le ſecours qu'vn Eſtat en peut
eſperer ſ'appuye ſur les gés
de guerre qui tirent paye.
Sur quoy i'aduiſe le Prince
que ſ'il dreſſe vn armee de
ſoldats eſtrangers pluſtoſt
que de ſes naturels ſubjets,

il pourra bien durát quelque temps deſployer ou
eſtendre ſes aiſles : mais en
fin il ſe trouuera deſplumé.
La benediction de Iuda &
d’Iſacchar , ne ſe rencon-
trét iamais enſemble. Auſſi
eſt-il impoſſible qu’vn
meſme Eſtat ſoit lyon &
aſne entre les fardeaux. Ie
veux dire par là qu’vn peuple trop chargé d’impoſts
ne peut iamais eſtre pro-
pre à l’Empire. La Nobleſſe ſemee trop eſpais dans
vne armee eſt cauſe que les
gens de pied perdent cou-
rage, & qu’ils deuiennent

par maniere de dire les va-
lets, & les manœuures des
Gentils-hommes: c'est ainsi qu'en vn bois taillis les
arbres n'y poussent iamais
leurs branches si droictes
qu'auparauant, si apres les
auoir couppez on y laisse
les scions trop prés l'vn de
l'autre. De quoy peut seruir qu'en vne armee il y ait
des regimens de peuple, &
de gens de pied, que i'appelle les nerfs de la guerre,
si les choses en sót là redui-
tes, que la centiesme partie
de tout ce monde ne soit
propre à porter la salade;

& par ainſi qu’il y ait beaucoup de peuple, & peu de
ſoldats?

Virgile accouple fort
bien le labourage & les armes, lors que parlant de
l’ancienne Italie, il l’appelle

Terre en armes puiſſante,
& grandement fertile.

Il eſt vray auſſi que ſ’il ſe
trouue vn bon ſoldat, il
faut qu’il viéne de la char-
ruë, c’eſt à dire qu’il doit
eſtre honneſtement entre-
tenu, & poſſeder tout à
faict la terre qu’on luy dó-

ne à cultiuer au lieu d'en
eftre feulement fimple la-
boureur.

Les Arts, dont le trauail
eft appellé fedentaire, enfemble les ouurages plus
délicats qui fe font en des
maifons particulieres, &
qui requierét le doigt pluftoft que la main ou le
bras entier, ont naturellement ie ne fçay quoy de
contraire à l'exercice des
armes. Que f'il eft queftion
d'en parler en general, ie
dis qu'il n'eft point de peuple quelque aguerry qu'il
foit, dont l'inclination ne

se laiſſe aller à la recherche
du repos , & qui n'ayme
beaucoup mieux ſ'expoſer
pour vne bonne fois aux
dangers , qu'endurer vne
trop longue fatigue; &
toutesfois, pour le main-
tenir en vigueur, il ne luy
faut iamais ſouffrir d'eſtre
oiſif.

Il n'eſt point de corps ny
Politique ny naturel, qui
ſe puiſſe bien porter s'il ne
ſ'exerce ſouuent. La guerre ciuile en tout le corps
d'vn Eſtat, eſt vne maniere
d'ardeur, comparable à celle de la fieure. Au contraire

vne guerre honnorable, &
qui le fait contre l'Eftran-
ger reſſemble à la chaleur
acquiſe par le moyen de
l'exercice. Les nauigations
qu'on entreprend pour
deſcouurir de nouuelles
terres, & le loüable ſecours
qu'vn Prince donne au be-
ſoin aux autres nations,
peuuét maintenir vn Eſtat
en ſanté. La raiſon en eſt,
parce que l'eſprit deuient
laſche dans vne trop lon-
gue paix, & les bonnes
mœurs ſe corrompent.

Les Eſtats qui naturali-
ſent volontiers les Eſtrangers

gers se mettét dans le chemin de s'aggrandir : Mais
ceux qui font les resserrez,
& qui ne se tiennent qu'à
leur propre Genealogie,
manquent bien tost de
souche & de tronc pour
estendre plus loing leurs
rameaux. Plusieurs ingre-
diens entrent en la recepte
de la grandeur. Il faut
qu'on m'aduoüe qu'en ce
qui touche le modele d'vn
petit corps, nul ne peut adiouster vne coudee à sa sta-
ture , quelque peine qu'il
y prenne. Le mesme n'ad-
uient pas dans l'ample ma-

chine des Republiques &
des Royaumes, où les Princes & les Estats ont moyé
d'aggrandir leur posteri-
té par l'introduction des
bonnes coustumes, & des
Edicts qu'ils peuuét faire.
Toutesfois nous voyons
d'ordinaire que c'est la seule Fortune qui dispose de
telles choses.

De l'Honneur, & de la Reputation.

XXXV.

Cquerir de l'hóneur, n'eſt autre choſe que manifeſter ſans deſaduantage ſa valeur, & ſa propre vertu. Il ſe trouue des hommes dont les actions ne ſont iamais ſans affeterie en la recherche de la reputation. Ceux cy ne font que trop parler d'eux, mais c'eſt auec peu d'admiration. D'autres obſcurciſ-

fent leurs propres vertus,
quand ils croyent d'en faire monftre en la partie qui
les rend moins recom-
mandables.

Celuy qui vient à bout
d'vne affaire, foit que luy-
mefme l'ait inuentée, ou
qu'entreprife autresfois elle ait efté quittee depuis,
ou vrayement mife à fin,
mais auec des circonftan-
ces peu valables, f'acquiert
beaucoup plus d'honneur
que f'il acheuoit vne chofe
plus difficile, à laquelle il
ne trauaillaft qu'apres autruy. Que f'il attrampe

de telle sorte ses actions,
qu'il tasche de contenter
vn chacun, il est hors de
doute qu'alors l'harmonie
en sera meilleure.

L'homme n'entend du
tout rien à mesnager son
propre honneur, quand il
entrepréd vne chose dont
la decadence luy peut ap-
porter plus de blasme que
de reputation, si le succez
en est bon. Les subjets qui
ont de la discretion agis-
sent beaucoup à l'accrois-
sement de l'honneur de
leurs Maistres. L'enuie
que i'appelle vn vermis-

seau qui ronge l'honneur
ne s'attise pas si fort quand
l'homme tesmoigne par
ses actions qu'il a pour fin
le merite, & non pas vne
fumee d'honneur, & lors
qu'il attribuë l'heureux
succez de ses entreprises à
la prouidence Diuine, & à
sa bonne fortune, plustost
qu'à son industrie & à sa
propre vertu.

Les vrais degrez de l'hó-
neur souuerain sont ceux-
cy. Ie mets au premier rang
les *Fondateurs des Estats*. Au
second, *les Legislateurs*, qui
sont encore appellez *Prin-*

ces perpetuels, parce qu'apres
la mort mesme leurs loix
seruent au gouuernement
des Estats. Au troisiesme,
ceux qui assoupissent les
lógues calamitez des guerres ciuiles, ou qui deliurét
leur patrie du ioug des tyrans & des Estrangers. Au
quatriesme, *les Conquerans,*
qui par vne iuste guerre
estendent les bornes de
leur Empire, ou qui resi-
stét vaillammét à ceux des-
quels ils sont assaillis. Et
au dernier *les Peres de la pa-*
trie, qui regnent de droict,
& qui font heureux le sie-

b b iiij

cle auquel ils viuent eux-
mefmes.

De tous les degrez d'hó-
neur entre les fubjets, les
premiers font ceux qui
ont part aux foucis de leurs
Maiftres. On les appelle
ordinairement leur *bras
droict*, parce que les Princes defchargent fur eux le
fardeau de leurs plus im-
portantes affaires. Les fe-
conds, les Capitaines ou
Lieutenans des Princes, &
ceux qui leur rendent de
notables feruices en temps
de guerre: Les troifiefmes,
les Fauorits, qui font autant

de fupports & de foulage-
mens à leurs Seigneurs;
Les derniers , ceux qui
ont de grandes charges
prés des Princes, & qui
s'en acquittét dignement.

Des Ligues, ou des Par-
tis differens.

XXXVI.

PLufieurs tiennent ce-
fte maxime, qui me
femble fauffe, que la meilleur partie d'vn Politique,
d'vn Souuerain, ou d'vn

grand perſonnage eſt de gouuerner ſon Eſtat, ou de ráger ſes affaires ſuiuát les partis qui ont plus de cours & de vogue. Au contraire la principale prudence conſiſte ou à regler la generalité des choſes, auſquelles les hommes de diuers partis agiſſent, ou bien à traitter à part d'elles-meſmes auec des particuliers.

Ie ſçay que la conſideration des partis n'eſt point à meſpriſer : que les hommes de condition mediocre doiuent flechir ſous les plus puiſſans ; & que les grands qui ſont aſſez forts d'eux-meſmes ne peuuent mieux faire que de ſe monſtrer indifferents. Toutesfois il me ſemble que pour s'ouurir vne voye plus facile, il eſt bon de ſe cóporter touſiours modeſtemét dans quelque party qu'on ſe iette. Les moindres partis, & par conſequent les plus foibles ſont d'ordinaire les mieux vnis. Que fil y en a quelqu'vn de rompu, celuy qui reſte ne manque de ſe diuiſer auſſi-toſt, iuſqu'à ce qu'il s'en

trouue vn autre qui se fait
Chef d'vne nouuelle fa-
ction. C'est la coustume
de plusieurs de s'opposer
au party contraire à celuy
qui les a mis en fortune.

Bref en matiere de fa-
ctions & de ligues les trai-
stres se mettent presque
tousiours en creance plus
que les autres. Il est vray
aussi qu'apres qu'vne affaire long temps belancee est
mise en execution par leur
artifice, ils sont les seuls
ausquels on en sçait tout
le gré. Se comporter esgalement entre deux partis

n'eſt pas touſiours vn effet
de modeſtie : mais pluſtoſt
d'vne certaine conſtance
enuers ſoy-meſme, auec intention de ſe ſeruir de tous
les deux.

De la Mort.

XXXVII.

LEs hómes redoutent
la mort comme les en-
fans apprehendent d'al-
ler en quelque lieu tene-
breux. Tout ainſi que ce-
ſte crainte naturelle en eux
ſe redouble par les com-

ptes qu’on leur faict là deffus, de mefme la peur que
l’on fe donne de cefte derniere heure, la rend plus
amere. I’appelle chofe re-
ligieufe de tirer vn fujeɗ
d’apprehenfion de la con-
templation de fa propre
fin, & foibleffe d’efprit de
la craindre à caufe d’elle-
mefme.

Certes s’il faut parler de
cefte fin en Philofophe &
en vray homme, i’approu-
ue fort l’opinion de celuy
qui diɗ que la pompe de
la mort eft plus effroyable
que la mort mefme. Les

plaintes, les conuulfions, le vifage defcoloré, les ge-miffemens des amis, les habits de dueil, & les fu-nerailles font les accidens qui la font paroiftre terri-ble.

C'eft vne chofe grande-mét remarquable de voir par efpreuue qu'il n'eft point de fi forte paffion dans l'efprit de l'homme, qui ne furmonte bien fou-uent l'apprehenfion de la mort. Cela me faict dire que cet ennemy n'eft pas fi à craindre, puis que l'hom-me a tant de foldats à fa

suitte, qui gaignent l'aduantage sur elle. La ven-
geance triomphe de la
mort ; l'amour s'en moc-
que ; l'honneur y aspire:
l'homme en faict election
pour se deliurer d'vn af-
front ; la douleur a recours
à elle, & la crainte la pre-
uiét. Ainsi apres que l'Empereur Othon se fut osté
lavie, la pitié, qui est la plus
tendre de toutes les affections, en esmeut plusieurs
à se donner la mort. Seneque parlant de la force du
desplaisir, ou de la fasche-
rie, *Pĕsez*, dit-il, *cõbien de tĕps*
vous

vous auez continué les mesmes choses, & souuenez-vous que l'hōme qui a quelq̃ desplaisir se peut aussi tost faire mourir, que le courageux, cu le miserable.

Ce n'est pas vne moindre consideration de voir que les genereux courages ne s'estonnent pas beaucoup, quand ils approchét de ceste fin, & qu'ils demeurent fermes comme auparauant. L'Histoire le tesmoigne, quand elle dit qu'Auguste mourut en vn compliment, Tibere auec dissimulation, Vespasian en vne fourbe, Galba en

proferát vne sentéce, Sep-
timus Seuerus auec des paroles d'entreprise & d'expedition ; & ainsi des autres. Certes les Stoïciens
ont mis trop de façon à
l'attirail de la mort, & par
leurs grands preparatifs
rendu trop effroyable son
heure. O que ie trouue
bien meilleure l'opinion
de celuy

Qui met au rang des choses
naturelles
Du corps humain les atteintes
mortelles.

La mort est aussi naturelle
que la naissance, & possi-

ble qu'vn enfant tire autant de peine de l'vn que de l'autre.

Des Seditions & des Troubles.

XXXVIII.

IL seroit bó que les Gouuerneurs des peuples eussent cognoissance des tempestes d'Estat, qui sont d'ordinaire plus grandes lors qu'entre les choses il y a de l'esgalité, tout ainsi que les orages du Ciel se monstrent plus forts, quád

ils arriuent enuiron l'E-
quinoxe. Comme il y a des
vents cachez, & de secrettes tumeurs de la mer, qui
precedent la tempeste, de
mesme dans les Estats,

Souuent nous sommes aduisez
Que les flesches des plus rasez
Seront contre nous decochées,
Et que le tumulte sans yeux
Fera bien tost aux furieux
Descouurir les guerres cachées.

Il est certain que les libel-
les diffamatoires, & les paroles dictes auec trop de
licence & d'effróterie, sont
autant de signes & de pre-
sages de nouueaux remuë-

mens. Virgile voulât des-
crire la genealogie de la
Renommee la feint estre
sœur des Geants, par ces
vers,

La terre aux larges flancs, qui tout
    germe & conçoit,
Pour le sang de ses fils, dont son
    sang rougissoit,
D'ire contre les Dieux & de fu-
    reur poussée,
Digne & derniere sœur d'Encela-
    de & de Cee,
L'enfanta, comme on dict, aux
    pieds prompts & dispos,
Et dont les aisles n'ont besoin d'au-
    cun repos.

M. le
Car-
din.
du
Per-
ron.

Comme s'il eust voulu di-
re, que la Renommee & les

bruits font les vieilles reſtes des ſeditions du paſſé, bien que pour moy ie les appelle autant de preludes des tumultes qui nous menacent. Quoy qu'il en ſoit, il remarque fort à propos qu'entre ces tumultes ſe trouue la meſme differenceque du ſexe maſculin au feminin.

Il ſe faut pareillement deffier de ceſte maniere d'obeïſſance deſcritte par Tacite, lors que parlant des Soldats, *Ils eſtoient à leur deuoir*, dict-il, *mais de telle ſorte, qu'ils ne faiſoient que*

controooller les commandemens
de leurs Chefs, au lieu de les
mettre en execution. L'on
doit tenir pour vn grand
motif de defobeyſſance &
de rebellion, quand on ſe
querelle ſur les comman-
demens qui ſont faicts, ou
lors que chacun ſe meſle
de les expliquer à ſa mode,
& qu'il en tire vn ſens tout
nouueau.

Vn Autheur remarque
fort bien que lors qu'il aduient que les Grands qui
doiuét eſtre les communs
Peres de la patrie, n'ont de
la paſſion que pour vn par-

ty, l'effect qui s'en ensuit la plus-part du temps ressemble au vaisseau qui faict bris contre vn escueil, quand il pense tourner sa route ailleurs.

S'il arriue que les discords, & les diuisions, ou les contraires partis soient en vogue, & maintenus ouuertement, c'est vn infaillible presage que le respect qui se doit à la Souueraineté s'en va mis a bas. C'est de ce mesme respect ou de ceste reuerence que Dieu ceint les Princes, qui se doiuent souuenir que luy-

luy-mefme les voulât me-
nacer d'vn rigoureux cha-
ftiment, *Ie rompray*, dict-il,
la ceinture des Roys.

Difons encore , que les
hommes ont bon befoin
de prier Dieu qu'il leur en-
uoye vne heureufe faifon,
quand il fe remarque de
l'affoibliffement en l'vne
des quatre Colonnes de
l'Eftat , qui font la Religion, la Iuftice, le Confeil,
& le Threfor.

Mais laiffant à part les
prefages de la fedition,
voyons vn peu quelle eft
fa matiere, quelles fes cau-

ſes , & quels les remedes
qu'on y peut apporter. Ie
dis donc que les ſeditions
ont deux ſortes de matie-
res , à ſçauoir les meſcontentemens & la pauureté.
Les incómoditez de ceux
dont la fortune eſt ruinee,
leur ſont autant de motifs
aux remuemens. Lucan re-
marque fort bien le piteux
eſtat des ſaiſons qui precedent la guerre ciuile,
quand il dict:

> *Icy l'vſure ſ'eſt-meſlee*
> *Riche du bien venu d'ailleurs;*
> *Icy la foy s'eſt esbranlee,*
> *Et la guerre vtile à pluſieurs.*

Où il faut remarquer que
par ces mots , *La guerre
vtile à plusieurs* , nous est de-
monstree vne marque cer-
taine d'vn Estat disposé
tout à faict aux seditions,
& aux troubles.

Quant aux mesconten-
temens, l'on peut dire auec
verité , qu'ils sont autant
d'humeurs au corps Po-
litique, propres à l'embra-
ser d'vne chaleur extraordinaire. Or les Princes ne
doiuent point donner à
cognoistre , si la cause en
est equitable ou iniuste; de
peur qu'ils ne semblent at-

tribuer au menu peuple
plus de diſcretion qu'il
n'en a. Qu'ils tiennent encore pour indifferent, ſi les
offences d'où procedent
tels meſcontentemés ſont
grandes ou non, parce que
les deſplaiſirs, où ſe trouue moins de reſſentiment
que de crainte , attirent
apres eux les plus grands
dangers.

Les cauſes & les motifs
ordinaires des ſeditions
ſont ceux-cy , la Religion,
les impoſts , le chágement
de couſtumes & de loix, le
meſpris des priuileges,

l'oppreſſion generale, l'aduancement des hommes
qui n'ont aucun merite, la
hayne enuers les Eſtran-
gers, la cherté de viures, &
bref tout ce qui deſplai-
ſant au peuple le ioint enſemble en vne cauſe com-
mune.

Quant aux remedes, il y
peut auoir aux ſeditions
quelques preſeruatifs en
general, mais la curation ſe
doit touſiours rapporter
à la maladie en particulier.
Il n'eſt point de voye plus
aſſeuree que de laiſſer aux
meſcontentemens vn paſ-

fage libre, & vne liberté
moderee , pourueu que
cela ne fe face pour brauer
autruy ou auec importu-
nité. Toute la raifon que
i'en puis donner eft, que
celuy qui fait r'entrer au
dedans l'humeur maligne
& peccante, ou qui laiffe
croupir en l'interieur de la
partie offéfee vn fang adu-
fte & tout corrópu, court
fortune d'y caufer autant
d'vlceres & d'apofthemes.

En cecy l'exemple d'Epi-
metee ne cóuiendroit pas
mal à Prometee. Comme
ceftuy-cy l'apperceut que

les douleurs, les conuul-
sions, & les maux s'enuo-
loient hors du vase de Pan-
dore, pour espandre leurs
semences par tout le mon-
de, il retint l'esperance
au fonds de la boëtte. Ie
veux dire par là que pour
la cóseruation d'vn Estat,
il n'est point d'artifice có-
parable à l'espoir, ny point
de meilleur antidote con-
tre le poison des mescon-
tentemens. D'ailleurs, c'est
vne marque asseuree d'vn
sage gouuernement de ve-
nir à bout des choses que
l'on pretend, cependant

d d iiij

qu'on entretient d'espe-
rance ceux aufquels l'on
ne peut donner autre fatis-
faction.

Ie tiens encore pour vn
grand coup d'Eftat de fçauoir preuoir & empefcher,
qu'il n'y ait aucun Chef
trop habile dans le party
duquel les mal-contens fe
puiffent ietter, & fe forti-
fier de fon ayde. I'entends
par tels Chefs ceux qui def-
ja grands & mis en hon-
neur, tefmoignent eux-
mefme d'auoir de particu-
liers mefcontentemens, &
dont les Confidents ont

toufiours la veuë attachee
fur eux.

Ce n'eft pas vn remede
pire que les autres, de fepa-
rer & rompre les affem-
blees des partis contraires
à l'Eftat : car en ce qui touche le bien de la Souueraineté, toute efperance en
eft dehors, quand la partie
faine eft diuifee, ou de
mauuais accord, & lors
que celle qui eft inaligne
de foy fe maintient eftroi-
tement vnie, & en fon en-
tier.

Bref les Princes doiuent
toufiours auoir prés de

leur perſonne, quelque Chef courageux & habile au faićt des armes, pour s'en ſeruir au beſoin à reprimer les commécemens des ſeditions & des troubles. Quand on manque de tels hommes, il aduient d'ordinaire que ſur vne ſimple apparéce du moindre remuëment, tout le peuple ſe donne l'alarme, & que l'Eſtat court fortune de voir par eſpreuue ce que dićt Tacite: *Les volontez de tous auoient pris vne ſi mauuaiſe habitude, que ſi quelques particuliers oſoient entre-*

prendre vn meschant acte, plusieurs y consentoient aussi-tost,
& tous l'enduroient. Or ce
mesme Chef dont ie viens
de parler, doit estre fidele
à l'Estat, se faire aimer du
peuple, & viure en bonne
intelligence auec les Officiers de Iustice; autrement
le remede est beaucoup pire que le mal.

F I N.

www.ingramcontent.com/pod-product-compliance
Lightning Source LLC
LaVergne TN
LVHW011926180726
843502LV00003B/717